华为军团作战

重塑行业服务模式与经营格局

易鸣 王安辉 著

電子工業出版社
Publishing House of Electronics Industry
北京 • BEIJING

内容简介

随着《“十四五”数字经济发展规划》的印发，我国迎来数字化大发展，数字化转型已成为政企的“必选题”，被提上了规划的日程。华为作为数字化转型的先驱，正在以军团作战的方式联合伙伴重塑行业服务模式与经营格局。

本书包括华为的考验、华为战略破局、构建军团组织、统一客户界面、强化技术使能、做深做透行业、助力商业伙伴成功、重构治理体系、实现战略突围9章，详细介绍了华为如何突破战略困境，以及华为军团聚焦行业、深入场景、使能伙伴、助力客户数字化转型成功的重要举措，让读者全面了解华为军团的运作模式。

本书可供企业管理人员，企业数字化转型的领导者、规划者、设计者和实施者，以及对华为军团感兴趣的研究、咨询人员等阅读参考。

图书在版编目（CIP）数据

华为军团作战：重塑行业服务模式与经营格局 / 易鸣，王安辉著. —北京：电子工业出版社，2023.2

ISBN 978-7-121-44700-6

Ⅰ. ①华… Ⅱ. ①易… ②王… Ⅲ. ①通信企业—企业管理—研究—深圳 Ⅳ. ① F632.765.3

中国版本图书馆 CIP 数据核字（2022）第 239974 号

责任编辑：王陶然
印　　刷：三河市鑫金马印装有限公司
装　　订：三河市鑫金马印装有限公司
出版发行：电子工业出版社
　　　　　北京市海淀区万寿路 173 信箱　　邮编：100036
开　　本：720 × 1000　1/16　印张：16.5　字数：237 千字
版　　次：2023 年 2 月第 1 版
印　　次：2023 年 2 月第 1 次印刷
定　　价：79.00 元

凡所购买电子工业出版社图书有缺损问题，请向购买书店调换。若书店售缺，请与本社发行部联系，联系及邮购电话：（010）88254888，88258888。

质量投诉请发邮件至 zlts@phei.com.cn，盗版侵权举报请发邮件至 dbqq@phei.com.cn。

本书咨询联系方式：（010）57565890，meidipub@phei.com.cn。

华为军团作战，是一次“亮剑”

任总强调，“活下去”现在是华为经营的最高纲领。应该说，这句话对当下的大多数企业都是适用的。当前企业的生存与发展，可谓内忧外患。一方面，企业外部环境急剧变化，新冠肺炎疫情持续至今，国际贸易冲突横生，企业面临的外部不确定性陡升；另一方面，企业内部环境也发生改变，传统的组织形态可能已经不合时宜，再加上数字化发展加快，企业转型迫在眉睫。

可以说，这是变幻莫测的时代对企业发出的警示。面对如此严峻的内外形势，许多企业纷纷开启管理变革，学习国内外优秀企业的管理经验，尝试用确定性的管理来应对企业内外部环境的不确定性。其中，华为的经营管理模式和经验成为众多企业学习的标杆。

华为自成为全球最大通信设备供应商，并进入《财富》世界500强排行榜以来，便成了社会各界关注的焦点。它不仅是中国科技企业走向世界的领先者，也是中国企业管理模式进步和突破的标志性企业。然而，由于华为在5G领域取得的突破性进展，2019年以来，美国对其发起多轮打压，导致华为陷入生存困局。

华为已进入“战时状态”。进入“战时状态”的华为转变目标为“有质量地活下来”，并采取了一系列应对措施以减少对芯片的依赖，一边加大对软件以及根技术的研发投入，一边寻找第二增长曲线，拓展新的业务增长点。其中，最引人注目的就是华为军团制改革。截至2022年5月底，华为已经成立20个军团。

不得不说，华为作为中国企业的标杆，任何一点业务调整、组织变动，都会引来一大拨人的围观和效仿。自华为 2021 年 2 月成立“煤矿军团”以来，一部分企业已经迫不及待地开始思考自己是不是也可以组建军团，“多打粮食”。这不仅是对自身情况认识不清，也是对华为军团模式缺乏认识。华为的成功并非朝夕之功，华为军团的组建也非盲目改革，而是基于 5G 的战略探索和布局，并结合自身业务特点和组织特性发展出来的。

华为的军团作战，是一次“亮剑”，展现了华为再次整装出发的勇气。“黄沙百战穿金甲，不破楼兰终不还”，这份属于华为人的骄傲和决绝令人敬佩。作为华为的一分子，我在华为工作了 10 多年，如今虽然离开了华为，但骨子里仍然流淌着华为文化的血液。我也在默默地关注着华为的军团作战，对任总的战略选择和组织变革充满了敬意。华为的军团组织脱胎于“铁三角”项目团队，借鉴了军队特种作战小组的组织形态，并且融合了谷歌的军团建设经验；历时多年，从一线呼唤炮火的“班长的战争”，发展到如今的军团组织“穿插作战”。在数字化转型风起云涌的当下，我相信华为通过组织变革构建的灵活作战部队，必将破解当下的发展问题，迎来数字世界的星辰大海。

华为的模式固然是好的，但它不一定放之四海而皆准。企业想学习和研究华为，不应该只关注其成功的做法，还应该找到其成功背后的原因；同样地，想学习和研究华为军团作战的模式，不应该只关注其模式本身，还应该了解其存在的前因后果，深入地理解其底层逻辑，再结合自身思考：我能在哪些方面、哪个阶段参考并应用它？

本书作者易鸣和王安辉老师结合他们多年的实践经验和深入思考，从华为军团组建的背景和运作模式，以及与伙伴、客户的生态联盟等方面对华为军团作战的模式进行分析和研究，能够有效地帮

助读者理解华为军团的价值和运作逻辑，从而实现对军团模式全面深入的认识和了解。对于有意学习军团组织的企业，本书能够帮助、指导它们结合自身发展阶段适时、适当地学习和借鉴。

本书不仅有清晰的理论架构，还参考了多位企业数字化转型专家的指导与建议。相信本书能够给各位读者带来许多有益的思考与启发，助力企业持续成长。

王旭东

华为公司全球技术服务部原副总裁、亚太地区部原副总裁

推荐序二

重构组织能力，迎接数字时代

数字化转型早已不是一个新鲜的话题，身处数字化浪潮中，过去一些非传统的新兴行业或多或少朝转型迈出了步子，更多的传统行业则处于观望状态。如今，随着新一轮科技革命和产业变革的快速演进，以 5G、云计算、大数据、人工智能等为代表的新一代信息通信技术加速创新迭代，数字经济新模式、新业态不断涌现。对于企业而言，数字化转型早已不是简单的“选择题”，而是关乎企业长远发展的“必修课”，是企业应对当前和今后国际形势不确定性的战略选择。

作为信息通信技术领域的龙头企业，“构建万物互联的智能世界”是华为的愿景和使命。过去几年，华为在连接、计算、云、人工智能等领域完成了一定的技术积累，接下来的重点将是和伙伴一起，把这些技术应用到各行各业，帮助企业客户实现商业成功，帮助政府实现兴业惠民。

华为一直以来都是我们最值得信赖的合作伙伴。迄今为止，我们与华为的合作已经超过 10 年，其间多次得到华为有力的技术支持。2017 年，我们成为华为云“同舟共济”合作伙伴；2019 年，我们加入了华为云鲲鹏凌云伙伴计划。可以说，在数字化业务上，我们双方战略协同、利益互补，因此，对于华为此次的军团制改革，我们也是相当关注和重视的。

通过成立军团组织，华为重构了自身的组织能力，打破了行业知识与技术壁垒，更好地实现了数字技术与行业知识深度结合，进

而帮助企业和政府进行数字化转型，共筑开放共赢的产业生态。

首先是高效协同。华为军团通过组织扁平化、柔性化，打破了组织边界和部门墙，使内部成员之间保持开放透明的合作关系，能够充分贡献和工作相关的必要信息，从而实现内部协同，促进高效决策。

其次是协作敏捷。华为军团一方面要缩短客户需求和解决方案、产品开发和维护之间的联结时间，打通快速简捷的传递过程，在流程上实现组织的快速响应，有利于快速集结资源；另一方面，军团获得一定的授权，具有合理的自主权，能够根据目标优化自己的行动方案。

最后是场景突破。华为军团组织实行“穿插作战”，力图做深做透一个领域，聚焦价值创造，围绕客户核心场景，洞悉它们在业务运营及组织管理方面的关联，纵向拉通管理链条和研发，横向拉通内部数据与资源，运用新兴技术，打造有效满足客户需求的集成产品与解决方案。

本书系统且全面地介绍了华为军团的运作模式，其清晰明确的理论架构和内容体系，有助于读者了解华为组织变革的意图与其数字化转型方向，当然对我们中软也有相当大的学习和借鉴意义。有兴趣的其他企业也可以通过本书对军团组织模式有更多、更深的认知。

当外部环境发生变化时，企业首先会结合自身能力来调整组织结构，在某种意义上，组织结构代表了企业应对外部形势的一种姿态。因此，华为军团的组建可以说是华为对全球经济数字化发展加快所做出的一种响应：重构组织能力，迎接数字时代。

邵兆署

中软国际流程 IT 业务线总裁

前言

在数字经济发展的大环境下，5G、云计算、物联网、人工智能等新兴数字技术发展得如火如荼，数字化转型已经成为全球企业的共识，各行各业的服务与经营模式逐渐发生变化，ICT（信息与通信技术）与产品的市场需求越来越大。

对于华为而言，这无疑是负重前行下的柳暗花明。华为在5G领域取得的突破性进展引起了美国的高度警惕，自2019年以来，美国对华为发起多轮打压，华为终端业务受到较大影响。政企市场正成为华为最主要的业务增长点，而当前数字化转型市场的扩容刚好给华为带来了新一轮的市场机遇。

由于华为现有的数字化技术和产品的组合没有形成有效且直击客户痛点的解决方案，因此，华为通过组建小而精的“先锋战队”——华为军团，聚焦子行业，集中资源，贴近客户，携手伙伴，在短时间内抓住客户的核心诉求，提供专项的高效解决方案，帮助客户实现数字化转型，进而带动政企业务收入增长。

自2021年2月成立“煤矿军团”至2022年5月底，华为在一年多的时间里，先后成立了三批共20个军团，在行业内引起广泛关注。各大企业、学者纷纷对华为的军团模式展开了分析和研究，部分企业甚至开始效仿。

但是，华为军团的组建基于5G的战略探索和布局，本质是客户需求驱动，并非盲目改革，也非朝夕之功，是在经过明晰的战略分析和严谨的战略评审之后进行的。因此，企业要想了解华为军团的运作模式是否适合自身，还须深入了解华为军团背后的“真相”。

笔者曾在华为总部、西欧地区部、西非地区部等从事多年政企

大客户营销工作，对华为打破组织职能边界、以项目为中心的“铁三角”运作模式，以及华为流程化、平台化的销售管理体系有过深入的了解，并因此积累了较为丰富的实战经验。在之后受聘于东软国际，负责区域政企市场开拓时，曾多次受益于在华为积累的实战经验。如今，华为军团组织改革热火朝天，不免勾起笔者相当大的兴趣，并在持续关注过程中得到了诸多政企客户研究方面的启发。

为此，笔者结合自身在政企市场多年的经验和研究，与合作伙伴王安辉老师一起剖析华为军团运作背后的逻辑。王安辉老师在华为拥有 12 年多部门、多岗位工作经验，在组织变革与运营、从战略到执行、研发项目群管理、流程建设与优化等方面具有丰富的项目操作经验。加入了他的经验与才华，本次研究才能事半功倍。

本书共分 9 章，包括华为的考验、华为战略破局、构建军团组织、统一客户界面、强化技术使能、做深做透行业、助力商业伙伴成功、重构治理体系和实现战略突围。本书将从华为军团组建的背景和运作模式以及华为与伙伴、客户的生态联盟等方面来进行研究和介绍，以帮助读者全面了解华为军团的价值和作战模式，以及华为军团是如何使能伙伴、助力客户数字化转型的。

在写作过程中，我们查阅参考了许多相关的文献、会议资料与书籍，对其进行了细致的整理与研究，同时得到了来自华为前同事的指导与建议。在此感谢各位专家的支持与帮助，让我们的研究能够顺利落地，也感谢我的团队在课题研发中的思想碰撞和辛苦付出。

此外，华为军团的故事是不可能靠一本书就能完全阐述清楚的，其服务与运作模式仍在不断地创新与变化。尽管本书经过了细致周密的策划与写作，但笔者深知自身水平和经验有限，如果存在争议和不足之处，还请广大读者多多包涵，并提出宝贵的意见和建议。衷心希望这本书能够给读者朋友们带来积极的思考与启发，并

提供切实有效的帮助。

最后，祝愿华为公司不断发展壮大，“把数字世界带入每个人、每个家庭、每个组织，构建万物互联的智能世界”。

易　鸣

目录

第1章 华为的考验

第2章 华为战略破局

第5章 强化技术使能

第 6 章

做深做透行业

第 7 章

助力商业伙伴成功

第1章 华为的考验

每个企业在发展过程中或多或少都会遇到问题和考验，但是很少有企业遇到的问题和考验如华为这般惊心动魄且广为人知。在中美贸易争端的大背景下，这家中国最具科技创新性，也最有创新成果的企业，成为美国打压中国的“出头鸟”，这无疑是华为发展历程中最艰难的考验。

1.1 面对“极限施压”

有人说“一流国家制定标准，二流国家执行标准，三流国家购买标准”。在中美博弈的大环境下，当华为5G取得突破，实现全球领先时，为了掌握通信领域的主动权，美国连续三年对华为实施了四次打压。面对打压，华为回应：“任何艰难困苦，都不能阻挡我们前进的步伐。”

1.1.1 没有伤痕累累，哪来皮糙肉厚

2018年12月1日，华为CFO（首席财务官）孟晚舟在加拿大温哥华转机时遭到当地警察的逮捕。这个事件成为美国对华为的打压骤然升级的标志性事件。此后，美国的打压措施不断升级，华为不得不面对程度不断加大的打击。

我们回顾华为的发展史，可以发现，这是一家一次次历经磨难、一次次破茧重生的公司。

华为起步期间，其自主研发的第一款产品JK1000局用机，刚上市就面临技术落后的形势，耗光了前期攒下的“家底”。为此，华为四处借钱、孤注一掷地将宝押在了C&C08数字程控交换机项目上，C&C08的成功使得华为逃脱了破产的命运。

世纪之交，中国通信行业的三大风口——终端、小灵通和CDMA，华为一个都没抓住，而且志在必得的GSM业务在与欧洲公司的“近身肉搏”中也丢了。再加上在3G上的持续投入，华为的无线产品线经历了长达十年的亏损，金额达到数亿元。但是华为仍然将在交换机业务上挣到的钱，持续投在GSM、WCDMA以及TD-SCDMA业务上，直到十年之后才结出硕果。

2003 年，美国通信业巨头思科公司宣布对华为“非法侵犯思科知识产权”提起诉讼。诉讼事件发生后，很快给华为的业务带来冲击。很多合作伙伴暂停了与华为的业务往来。最终，华为通过各种途径证明自己并未侵权，促使思科公司在 2004 年向美国得克萨斯州东区法院马歇尔分院提交终止诉讼的申请。华为和思科的斗争持续了十年，以华为彻底战胜思科，成为全球第一大通信设备供应商而告终。

华为在经历这些劫难之后，进入比较顺利的发展阶段。这个公司有一个独特的传统，那就是从不视磨难和危机为“倒霉”并试图回避，而是不断正视、强化公司正在经历或者即将经历的磨难，并号召组织成员们时刻迎接和拥抱磨难。

在 2000 年前后，华为的发展已经达到一个高峰，无论是营收规模还是行业地位，都可以说表现优异。当年开公司大会的时候，华为员工喜气洋洋，认为形势一片大好。但任正非并不这么认为，他认为华为的情况很危险，并写下了《华为的冬天》一文。他在文章里写道：“我们还太嫩，我们公司经过十年的顺利发展没有经历过挫折，不经过挫折，就不知道如何走向正确道路。磨难是一笔财富，而我们没有经过磨难，这是我们最大的弱点。我们完全没有适应不发展的心理准备与技能准备。”

2008 年 6 月 13 日，任正非在网络产品线奋斗大会上的讲话中总结说：“我们二十年走过了一条崎岖不平的道路，我们经历了多少失败与痛苦，但我们始终坚信‘烧不死的鸟是凤凰’‘从泥坑中爬起来的都是圣人’。在屡战屡败，屡败屡战中，锻炼起一代坚强的华为人，我们才赢得了今天的曙光。”

2010 年 7 月 15 日，任正非在人力资源管理纲要第一次研讨会上发言，要求华为干部不畏艰苦：“你害怕去艰苦地区工作、害怕在艰苦的岗位工作，不以客户为中心，那么客户就不会接受、承认你，你的生活反而是艰苦的。”

“英雄主义”从来都是华为最鲜明的文化特质。

什么是英雄？英雄是冒险家，是征服者，是为了信念可以牺牲自我的人。脚踩在谷底的泥泞里，头始终仰望着光明，咬牙挺胸，历经千难万险，一步一步走向光明，这样的人就叫作英雄，充斥着英雄的组织就叫作英雄组织。

2020 年 5 月 15 日，美国商务部公告要求采用美国技术和设备生产的芯片，必须经过美国同意才可出售给华为。这意味着美国开始全方位阻断全球半导体供应商向华为供货，这是继 2019 年后美国对华为打压的再次升级。

华为心声社区随即发布一架千疮百孔却依然在飞行的伊尔-2 攻击机图片，图片上的文案是“没有伤痕累累，哪来皮糙肉厚，英雄自古多磨难”，以展示自己永不屈服的决心。在这至暗时刻，华为又一次吹响了进军的号角。

【案例】千疮百孔的伊尔-2 攻击机

伊尔-2 是苏德战争期间苏联主要使用的攻击机，被广泛用于低空火力支援陆军。它被认为是第二次世界大战期间最好的对地攻击机，是著名的“坦克杀手”，与 T-34 坦克和“喀秋莎”火箭炮被并称为二战中苏军的三大制胜法宝。苏军称之为“飞行坦克”，德军称之为“黑色死神”。

1941 年 7 月 1 日，伊尔-2 在白俄罗斯贝尔齐纳河地域首次参战，取得了巨大的战果。苏联空军上将 G.F. 拜杜科夫称赞道：“伊尔-2！前线所有人都喜欢这种出色的飞机。尤其在战场上直接支援步兵和坦克作战时，它更是不可替代的……飞机的生命力让人叹服，机翼被子弹打穿，一侧残缺不全，飞机照样能飞，还能正常降落……”从此，伊尔-2 成为苏军对地攻击机的中坚，在苏德战争中发挥了极其重要的作用。

凭借在苏德战争中卓越的战绩，以及它所代表的不屈精神，伊尔-2 享誉世界。

没有伤痕累累，哪来皮糙肉厚，自古英雄多磨难。对华为来说，被打压是很痛苦的，但这同时是一个重大的机遇，逼迫华为尽快地实现创新突破和产业升级。

1.1.2 三年四次，持续升级打压华为

美国对华为的打压涉及一个美国的法律概念，叫作“长臂管辖权”。它是指一个国家根据自己本国的法律，对其他国家的商业机构行使管辖的权力，比如美国根据其涉及商业的法律，对外国企业展开调查。

【案例】美国的“长臂管辖权”

美国在全球行使“长臂管辖权”的法律基础，有“三大金刚”：一是《出口管制条例》，二是《萨班斯法案》，三是《反海外腐败法》。

在 2016 年的时候，美国指责中兴公司卖产品给伊朗，违反了美国的《出口管制条例》对于伊朗的禁运，于是，把中兴公司加入美国的“实体名单”，对中兴公司进行禁运。

此外，美国多次使用“长臂管辖权”，对境外企业进行打击，其中非常著名的就是美国对法国阿尔斯通公司的打击。

法国阿尔斯通公司曾是世界上领先的基础设施设备提供商，自 20 世纪 50 年代以来，一直是法国高科技的代表。

从 2010 年起，美国司法部一直在调查“阿尔斯通公司对印度尼西亚政府的官员行贿，以获取印尼的合同”一事，认为阿尔斯通公司违反了美国的《反海外腐败法》。2013 年，阿尔斯通公司的前高管皮耶鲁齐在纽约的肯尼迪机场被捕。5 年之后的 2018 年，皮耶鲁齐才被释放出狱。

皮耶鲁齐在出狱之后写了一本书，名为《美国陷阱》。他在书中认为，美国对他的逮捕是彻头彻尾的敲诈，目的是帮助美国通用电气公司打击阿尔斯通公司。美国司法部前后逮捕了阿尔斯通公司的多位高管，直到阿尔

斯通公司支付了7.72亿美元的罚金，并被自己最大的竞争对手——美国通用电气公司收购之后，皮耶鲁齐才被释放。

美国学者拉伊迪在他的研究美国“长臂管辖权”的著作《隐秘战争》一书中认为，美国利用其在全球科技、金融和信息等领域的垄断地位，利用其在全球情报、军事领域、执法能力的主导地位以及巨大的本国市场，对全球企业进行“监管”，维护着美国的经济利益，使其他国家经济沦为美国经济的附庸。

2016年，华为主推的PolarCode（极化码）方案，成为5G控制信道eMBB（增强移动宽带）场景编码方案，标志着中国首次在通信的高科技领域取得制定标准的话语权。

美国很清楚，谁制定了标准，谁就能引领这个标准下的技术和产品。为了扭转自己在通信领域的被动位置，确保继续拥有全球领先的通信科技优势，美国举一国之力，从2019年5月起，对华为实施了四次打压，一次比一次厉害，不断加码。

2019年5月，美国特朗普政府以国家安全为由，发起了对华为的第一次打压：将华为列入“实体名单”，在未获得美国商务部许可的情况下，美国企业不得给华为以及附属的70家公司供货。同时，美国还威胁其他国家，要求将华为排除在5G基础设施和设备供应商之外。随后，谷歌宣布不再为华为提供GMS（谷歌移动服务），导致华为手机无法在海外正常使用。

2020年5月15日，美国特朗普政府对华为实施了第二次打压：宣布对华为等公司的供应链禁令延期一年，通过修订《外国直接产品规则（FDPR）》将对华为的打压全面升级。所有使用美国软件工具和技术，为华为提供支持和服务的企业，都必须事先获得美国政府的许可。换句话说，任意一家外国公司，只要在生产中使用了美国的设备，哪怕只是用了

美国的技术或者软件，美国都有权“长臂管辖”它们：决定它们的产品能卖给谁，不能卖给谁；如果不服从，就打压。

这次打压直接导致三星、中芯国际等都无法给华为代工芯片，华为的麒麟 9000 成为绝版。

2020 年 8 月 17 日，美国特朗普政府公布了针对华为的第三次打压：进一步限制华为采购外国制造商使用美国技术制造的芯片，同时将 38 家华为子公司列入“实体名单”。自 2019 年 5 月，华为首次被列入“实体名单”至此，已有 152 家华为子公司被列入该名单。

2021 年 3 月，美国拜登政府开展了对华为的第四次打压：不允许华为的器件供应商将涉及美国技术的产品，供应给华为的 5G 设备。这项禁令公布之后，导致华为余下的 5G 芯片只能当 4G 芯片使用。

诸多跨国企业在美国的打压下，不得不服软，但华为是例外。2019 年，华为不仅没被美国压垮，还积极应对，逆势发展。因此，2020 年，美国的第二棒、第三棒紧接着打下来。华为认识到，美国的目的是要把它压垮，为了生存，华为要拼死抵抗。正如海思总裁何庭波所言：“曾在多年之前，华为便做出了极限生存的假设，预计有一天，所有美国的先进芯片和技术将不可获得，而华为仍将持续为客户服务。”

1.1.3　华为进入“战时状态”

2019 年 2 月 12 日，在“孟晚舟事件”发生后不久，华为创始人任正非在接受中央电视台《面对面》栏目的采访时，宣布华为已经进入“战时状态”。他说：“‘战时状态’最重要的标志就是办公室再无‘将军’，‘将军’都在作战队列中、在战区支援队列中；改革不合理的干部分布状态是赢得胜利的关键，改革不适应业务发展的层级管理关系是赢得胜利的抓手。”

“战时状态”不仅是华为应对美国打压的方式，还被华为视为激活组织的绝佳时期。这种激活的结果是从个人的精神层面到组织的各个角落都充满了战斗意志。

在2020年3月25日接受《华尔街日报》采访时，任正非肯定了2019年以来美国极限施压对华为组织激活的价值。

任正非表示，华为公司本来也是散趴趴的公司，因为十几万人很难凝聚起来。战略部起草了公司的愿景和使命，“把数字世界带入每个人、每个家庭、每个组织，构建万物互联的智能世界”，希望统一员工的意志。关于这些口号，其实华为员工也不一定都相信，也不一定都足够努力践行。但是在美国的打压下，所有员工都知道如果不努力，就一定会死掉，所以每个人都很努力。由于基层太努力了，导致这个“车子”跑得太快了。任正非认为，要踩刹车，不允许它跑得太快，否则会把整个公司拉断的。基层有很大的干劲，高层有十分的冷静，这就是华为胜利的基础。

【案例】“战时状态”故事一

一位在华为工作了15年的技术骨干给阿里巴巴人力资源部门写了一封信。他原本计划2019年6月从华为离职去阿里巴巴工作，但2019年5月曝出美国政府将华为列入“实体名单”极限施压的消息后，他选择放弃阿里巴巴的工作机会，继续留在华为，与公司共渡难关。

这位技术骨干在信里面写道：“我和我的同事们从上周末开始都已经进入‘战时状态’，这一仗，华为不能输，也不会输，我们这18万人一定会改写世界科技发展史。经过两天的思考，我非常抱歉地知会您，我决定放弃此次去阿里巴巴的工作机会。我在华为工作了15年，这个时候离开，我会觉得自己像一个‘逃兵’。也许明年甚至未来几年都没有年终奖和分红，大不了陪公司白干几年，人生又有几次机会能亲临这种‘战场’呢？华为和阿里巴巴都是非常伟大的公司，希望以后我们还有机会见面，互相探讨业务；但此时，我需要站好我的岗。祝福华为，祝福阿里巴巴，祝福

中国所有实干的高科技企业。”

【案例】“战时状态”故事二

2019 年以来华为面临这么大的困难，很多人猜测华为会不会有很多人离职。恰恰相反，在公司处于“战时状态”时，很多华为人都不愿意当“逃兵”，甚至有一些已经退休 / 离职的员工，纷纷打电话回以前的部门，说如果公司需要技术人员带一带新员工，他们可以回公司帮忙，不要报酬。

“若有战，召必回！”这就是充满英雄情结的华为“铁军”。保持着高昂战斗情绪的华为，对美国联合其他国家的几次打压都进行了抗争。

一是面对美国以“实体名单”形式对华为在产品供应链方面的打压，华为未雨绸缪，储备了可供使用 1 年左右的核心零部件，并在被打压的缓冲期内进一步加大储备量，尽可能消弭打压带来的冲击。

二是将十几年潜心研究的海思芯片“一夜转正”。

三是推出了自己的鸿蒙操作系统，这一系统旨在将一切华为智能设备相互连接，在安全性和稳定性上甚至将超过谷歌的安卓系统和苹果的 iOS 系统。

尽管美国不断进行打压，但华为依旧稳扎稳打，将优质的服务继续输送到全世界，其 2021 年 5G 全球市场份额达到 29%，比诺基亚和爱立信都高出接近一倍。

2022 年 3 月，华为召开上一年业绩发布会。尽管业绩承压明显，但它在研发上的投入再创新高，达到 1426 亿元，占总收入的 22.4%；华为内部从事研究与开发的人员增加到 10.7 万名，超过了公司总人数的一半。

华为一方面投下重金去研究底层的技术重构，继续争取对技术标准的主动权；另一方面，在公司的组织架构上，组建各大军团，在国家重大民生和基础设施领域布局，努力成为构建数字化经济体和数字化社会领军企业。

“他强任他强，清风拂山岗；他横由他横，明月照大江。”面对美国的打压，任正非表示：“应对美国的打压，我们最好的方式是做好自己的事……我们要坚持以客户为中心的价值观不动摇，不要过度消费国内客户及民众对我们的同情与支持，只能以更优质的服务报答他们。”

1.2 “逆全球化”趋势

冷战结束后，30 多年来全球经济的快速发展，使得很大一部分人享受着生活质量的不断攀升。人们普遍相信全球化是大势所趋，却忽略了它呈现出来的周期性。在 2008 年金融危机之后，“逆全球化”就开始显现，只是基本处于边缘位置。然而，2016 年美国总统特朗普上台之后，“逆全球化”魅影再现，并在新冠肺炎疫情冲击之下，再次成为全球关注的热点。

1.2.1 从全球化到“逆全球化”

躺在床上喝着早茶，伦敦居民可以通过电话，根据自己的需要订购全球各种商品，并期待着这些商品被及时地送到自家门口；他们可以在同一时间里，用同样的方法把自己的财富投资到世界的任何一个角落，投资于任何一类资产，毫不费力地分享这些资产未来的果实和好处；他们还可以随时使用廉价且舒适的交通工具来往于世界上任何一个国家。

这是英国经济学家凯恩斯描述的一战前英国伦敦居民的生活，将这些描述用在今天的中国、美国、欧洲各国和日本等，也丝毫不会有时代违和感，这是全球化给我们的工作与生活带来的影响。

全球化是在资本的大力推动下，实现产业链上下游和各国之间的分工的。全球各国根据其要素禀赋的优势做自己擅长的事情，然后再根据产业

链内各方需求进行交换，以此在不断深耕产业链各细分领域的同时创造出更大的价值。

近现代全球化从 19 世纪下半叶开始。从那时起到现在的不到 200 年间，全球化进入了现代化突飞猛进的阶段——全球贸易增长了 140 倍，全球产出增长了 60 倍，全球人口增长了 6 倍。但也是在这期间，全球化和“逆全球化”其实是交织出现的，呈现周期性的特征。

第一个全球化周期从 1850 年开始到 1914 年一战爆发时结束。这一个周期跨度大约为 64 年。一战结束，全球经济经过短暂的修复后，很快又迎来了大萧条和进一步的以各国大幅提高关税为标志的“逆全球化”趋势，并最终引发二战。二战结束后，全球化才真正进入第二个周期。回头来看，从一战开始的“逆全球化”趋势，延续时间长达 31 年。

经过 1914 年至 1945 年的痛苦“回调”，其间经历了经济大萧条和两次世界大战之后，全球化才算再次步入“正轨”。这一轮的全球化从 1945 年至今，已经接近 80 年时间。在这期间，尤其是过去的 20 多年，全球经济和贸易呈现出一种爆炸式的增长：

全球财富从 1996 年的 16.6 万亿美元增加到 2015 年的 58.7 万亿美元，增长了近 4 倍。全球极端贫困人口从 1990 年的 19 亿人降至 2015 年的 8.36 亿人，超过预期减半的目标。从物流数据来看，全球贸易生机勃勃，商品出口占 GDP（国内生产总值）的比例从二战后的 5% 左右，暴涨至 2015 年的 20% 以上。从资本流动来看，外国资本存量在发展中国家中所占 GDP 的比例，从二战后的不到 5% 暴涨至 2015 年的近 30%。

有人认为，在 2008 年经济危机爆发时，“逆全球化”就已经开始了；有人则将“逆全球化”开始的时间定在了 2016 年英国“脱欧”、“民粹主义”崛起和特朗普当选。新冠肺炎疫情的暴发则加速了这种“逆全球化”的进程。疫情对全球供应链的冲击，迫使企业不得不对原先的产业链进行

重构，对本土供应商更加倾斜。同时，医疗防护用品和呼吸机等重要物资的短缺，更让一些发达国家对制造业“空心化”可能造成的后果有了更加清醒的认识。

2020 年 3 月 31 日，特朗普在白宫新冠肺炎疫情资讯会上表示，要“把美国建设成一个全面独立的、繁荣的国家：能源独立，制造业独立，经济独立，国界主权独立”。

2020 年 4 月 7 日，日本经济产业省宣布将拨付 2200 亿日元（约合 22 亿美元）用于资助日本企业将生产线转移回日本本土。

2022 年 2 月 4 日，拜登政府提出已久的《2022 年美国竞争法案》在众议院被通过。根据这个法案，美国将创立芯片基金，并拨款 520 亿美元鼓励美国的私营企业投资半导体的生产。

2022 年 2 月 8 日，欧盟也颁布了《欧洲芯片法案》，计划到 2030 年，将投入超过 430 亿欧元公共和私有资金，用于支持芯片生产、试点项目和初创企业。

尽管真正的“逆全球化”在中短期内仍有限制条件，但新的一轮周期已经开始。这一过程一旦开启，短期内是一个不可逆转的趋势，曾经的“地球村”的观念在一些国家正在被贸易保护、边境修墙、控制移民等思潮掩盖。中国作为全球制造业的中枢，在此大趋势下很难独善其身。

1.2.2 “逆全球化”产生的动因及实质

在全球化趋势下发展壮大起来的中国跨国企业需要面对新形势下的挑战，仅仅是“逆全球化”的大环境，就足以让它们的全球化经营充满不确定性和风险。

“逆全球化”阶段是非理性上升的阶段，是由矛盾和压力的长期积累所

导致的必然结果。具体来说，它由以下几个原因促发：

首先，全球化带来了不同国家之间的受益不平衡，也带来了同一国家内不同社会群体的受益不平衡。全球化使得资本摆脱了本国的控制，在全球范围内优化配置。但由于经济发展水平、资源禀赋、技术经验、产业结构的不同，一些国家和地区处于全球化进程的优势地位，另一些则处于从属或边缘地位，后者萌生了对全球化的不满甚至抵触情绪。

2008 年金融危机之后，西方发达国家内部上层资本所有者与下层劳动者之间利益分配不均，收入差距愈发加大，引起工人、农民、城市手工业者和失业人群的不满。这些群体认为全球化带来的弊端超过红利，成为发达国家“逆全球化”思潮的主要支持者。

其次，思想观念冲突日益严重。全球化的发展不仅带来资源的多元流动，也带来文化的碰撞和意识形态的摩擦。当今世界的贸易和投资流动的主要驱动力将不再仅仅是经济效率，对共同价值观和地缘战略兼容性的需求所产生的影响正在加大，这些显性或者潜在的冲突加剧了“逆全球化”思潮。

再次，国际社会在全球化发展不均衡下的力量对比发生变化。这其中，以中国为代表的发展中国家力量不断壮大。联合国贸发会议的统计数据显示，从 1990 年到 2015 年，发达国家占全球 GDP 的比重从 78.7% 降至 56.8%，而新兴市场国家占比则由 19% 升至 39.2%。

这一巨大变化使美国及一些西方国家不惜开历史倒车，采取“逆全球化”政策，以维护自身的既得利益。这些政策包括：采取贸易保护主义，强调本国利益优先；采用规则修正主义，以制度维护权利，即利用国际规则为本国利益服务；摆向政治孤立主义，逃避国际责任，比如特朗普上台后在美墨边界筑墙、颁布“禁穆令”、退出应对全球气候变化的《巴黎协定》等。

最后，社交媒体迅猛发展，改变了传统政治生态。信息技术连接和放

大了分散和既存的问题，网络成为社会舆论的放大器——既加强了教派、族群、国家内部的向心力，也加剧了社会思想的分化和群体分裂。形形色色的民族主义、民粹主义和极端主义思潮通过网络迅速传播扩散，冲击着全球化思想基础。

“逆全球化”对全球经济发展的负面影响是显而易见的。在“逆全球化”思潮的影响下，西方国家选择采用贸易保护主义政策保护本国经济发展，将本国利益放在最优位置，从而对全球贸易产生负面影响。

【案例】美国“逆全球化”对跨国企业造成的伤害

虽然主导“逆全球化”的美国举一国之力对华为等中国企业实施了极限打击，但是这对于它自己及其盟友的跨国企业来说，无异于“伤敌一千，自损八百”。

2019 年 7 月，美国的几大科技公司，包括美光、西部数据、高通、谷歌、思科等公司的 CEO，与美国总统特朗普举行了会议，要求特朗普为华为解禁，并允许它们向华为提供产品。

美国的这些公司大量地为华为提供中间产品。比如，2015 年华为向高通采购了 18 亿美元的芯片，向博通采购了 6 亿美元的芯片。美国商务部对华为的禁运，导致这些公司的利润大幅下降。因此，2020 年 9 月 15 日，美国对华为极限禁运令生效的当天，又不得不批准了某公司对华为的供货。

同样受伤的，还有与美国隔海相望的欧洲。欧洲企业对美国芯片知识产权有着高度依赖，在美国实行对华为的打压后，许多同华为合作多年的欧洲企业，遭受了不小的打击。

众多欧洲科技企业的高管，都对美国的限制令表示不满——这让这些公司失掉了众多中国企业的订单。其中，意法半导体预计 2020 年 4 季度源自华为的订单为零，因此它在 2020 年 12 月初时，宣布公司此前提出的总价值 120 亿美元的年度销售目标，延后一年生效。

虽然世界各国因为种种原因被卷入“逆全球化”趋势，但是众多有识之士也清醒地意识到“逆全球化”不是长远的发展方向，全球经济的低迷不能单一地归因于全球化，“逆全球化”在本质上是全球化的“特殊阶段”。于是，包括中国在内的各国力量正积极探索新的全球治理体系，推动全球化新阶段的到来。

1.2.3　坚持全球化，破解“逆全球化”逆流

当前全球化格局进入了一个新的时期。从国际视角来看，诸多国际经济政治格局的变化都呈现出一种明显的“逆全球化”特征。在这种国际局势下，中国在各种场合强调全球化大势不可逆转。

2012 年 11 月，党的十八大报告正式提出“倡导人类命运共同体意识”。2017 年 2 月，“构建人类命运共同体”理念首次被写入联合国决议，成为中国思考人类未来的“中国方略”。

华为从成立之初就处于全球化背景下，它顺势而为、拥抱全球化，成为全球化浪潮中受益颇多的跨国公司。任正非大力提倡的“一杯咖啡吸收宇宙能量”精神，凝结着开放、大气的经营智慧。

2021 年，任正非在山西接受采访时表示，华为在 2020 年的销售收入和利润都实现了正增长。他说：“我的信心更大了，而不是更小了。我们有了更多能克服困难的手段。”

他表示：“关于芯片，我们还是要依赖全球化来解决，不管怎样，我们永远不会放弃全球化理想，不管怎样打压，我们坚持全球化不动摇。”他还说道：“全世界所有的技术都是开放的，你必须开放出来，用世界级的视角才能找到最好的技术，然后你把它组合起来，这才是一个世界级的公司。”

华为的全球化发展首先体现在其遍布世界的业务拓展上。华为全球化的进程大致分为六个阶段：探索阶段、快速发展阶段、组织适应阶段、品牌提升阶段、多业务发展阶段和战略突围阶段。

第一阶段：探索阶段（1996—1999 年）

华为在这个阶段最大的挑战是“先找到客户，活下去”。因此，华为采取了往发达国家、发展中国家“撒种子”式的探路策略。这个阶段的关键是要“耐得住寂寞，经得起挫折”。华为的“压强原则”起了很重要的作用，其在俄罗斯市场的拓展就是很好的案例。从 1996 年“撒种子”，直到 1999 年，华为才从俄罗斯国家电信局获得第一张 38 美元的订单，是华为的这份执着最终换来了客户的信任。

第二阶段：快速发展阶段（2000—2004 年）

华为在这个阶段的特点是发展快，挑战是对客户的需求不清晰，缺乏拓展客户的相关资源和组织。华为在这个阶段的主要战略是以少量的产品在海外实现销售突破，了解国际市场运作的一些规则，然后在个别国家建立根据地，对外辐射。到 2004 年，华为基本攻下了欧洲的高端电信市场。到了这个时期，华为终于能真正从全球视角审视市场，由此进行相应的资源配置，海外的研发、生产及营销。其中，研发基地有一半设在国外，实现了全球化研发。

第三阶段：组织适应阶段（2005 年至今）

设置地区部是华为在全球化组织管理中非常成功的方式，至今仍在采用。在 2005 年之前，华为将几个分管国际业务的部门合并，成立了国际合作和代理商的管理部门，同时成立 8 个海外地区部，可以说部门齐全，功能完备。公司把决策权前移，“让听得到炮声的人呼唤炮火”，除了财务和少量的人事任免权，很多权利被下放到了地区部。

第四阶段：品牌提升阶段（2012 年至今）

2012 年之前，尽管华为在海内外已经取得了很大的商业成功，但消费

者 BG（业务集团）只占华为总营收的 22%。也就是说，华为在海外的品牌知名度与业绩完全不成正比。华为意识到，要在 B2C（企业对消费者）领域取得成功，就必须在营销方面赢下品牌之战。华为的品牌塑造是国际化的。2016 年，华为花费 600 万欧元签约球星梅西，聘请其担任华为全球品牌的形象大使，并在美国拉斯维加斯消费电子展（CES）和巴塞罗那世界移动通信大会（MWC），以及伦敦、巴黎、慕尼黑、上海等地举行全球范围的新产品发布会。这一系列的品牌营销活动，让华为在全球品牌价值评估机构 Brand Finance 公布的"2019 年全球最具价值品牌 500 强排行榜"中成功地上升至第 12 位。

第五阶段：多业务发展阶段（2017 年至今）

华为以 B2B（企业对企业）电信设备起家，到 2017 年，它已然完成了运营商业务、消费者业务、企业业务、云业务等既"对企业"又"对消费者"的多元化业务布局，既有坚实的基本盘，又有未来的增长点，在全球市场上与爱立信、诺基亚、思科、三星、苹果、亚马逊等不同领域的巨型企业展开竞争。

第六阶段：战略突围阶段（2019 年至今）

华为在这个阶段经历了美国三年四次的打压，在国际市场上遭遇了前所未有的挫折。虽然华为终端业务[①]的收入已经减半，但是它并没有停止多元化业务在全球市场的开拓。

截至 2021 年，华为与运营商、合作伙伴一起，累计签署超过 3000 个 5G 行业应用商用合同。第三方测试报告显示，在瑞士、德国、芬兰、荷兰、韩国、沙特阿拉伯等 13 个国家，华为承建的 5G 网络的用户体验均为最佳。全球 700 多个城市、267 家世界 500 强企业选择华为作为其数字化转型的合作伙伴。华为在政企市场的合作伙伴的数量超过 30 000 家，其中

---

① 华为终端业务，即华为消费者业务。在 2022 年 4 月 20 日华为终端商用办公新品发布会上，华为常务董事、终端业务 CEO、智能汽车解决方案 BU CEO 余承东宣布，华为消费者业务更名为"华为终端业务"。

销售伙伴超过 20 000 家，解决方案伙伴超过 1800 家，服务与运营伙伴超过 6200 家，人才联盟伙伴超过 2000 家。华为开发者联盟的全球注册开发者已超过 540 万人，集成 HMS Core（华为移动核心服务）能力的应用超过 18.7 万个，HMS（华为移动服务）全球应用数量相比 2020 年增长 147%。

华为拥抱全球化还体现在它与各国管理咨询公司的合作上（见图 1-1）。华为自 1996 年以来，累计支付给中外各类咨询公司的咨询费高达几十亿美元，它们帮助华为构建了战略、财务、人力资源、组织结构等方面的管理体系。

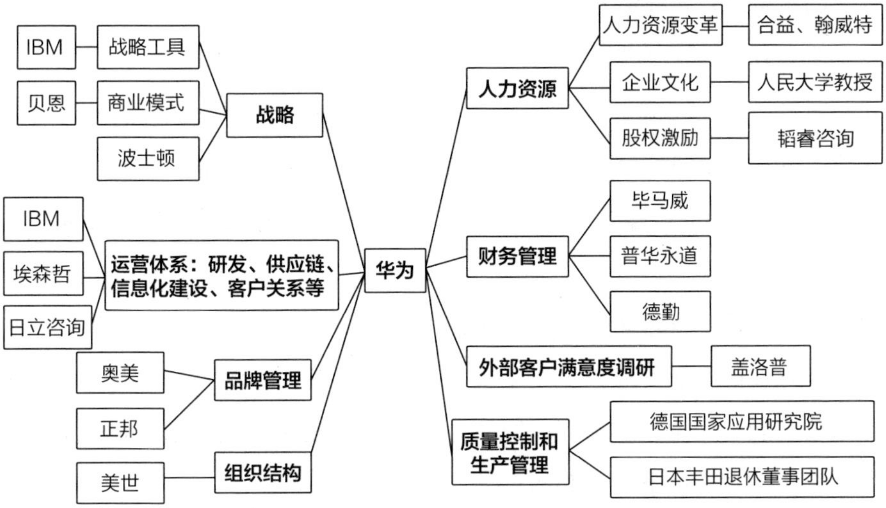

图 1-1　华为与各国管理咨询公司的合作

1998 年，成立仅 11 年的华为引入 IBM 参与华为 IPD（集成产品开发）和 ISC（集成供应链）项目。5 年间，华为共计花费 4 亿美元升级了公司管理流程。除了 IBM，华为还聘请过埃森哲、波士顿、普华永道、美世、合益、日立咨询、日本丰田退休董事团队等咨询公司或专家团队。

任正非曾对记者说：“日本丰田公司的董事退休后带着一个高级团队在我们公司工作了 10 年，德国国家应用研究院团队在我们公司也待了十几

年，才使我们的生产过程走向了科学化、正常化。”“从几万元钱的生产开始，到现在几百亿美元、上千亿美元的生产，华为才越搞越好。我们每年花好多亿美元的顾问费。”

华为不仅聘请咨询公司升级自身的管理流程，还与咨询公司成立联盟，共同开拓市场，显示出“全球资源为我所用”的视野和格局。

2007 年，华为聘用埃森哲启动了 CRM（客户关系管理），加强从“机会到订单，到现金”的流程管理。2014 年 10 月，华为和埃森哲正式签署战略联盟协议，共同面向电信运营商和企业信息与通信技术（ICT）两大市场的客户需求开发，并推广创新解决方案。

华为轮值 CEO 徐直军对此表示：“在现实世界与数字世界加速融合的时代，任何单独一家企业都很难满足客户的所有需求。企业需要开放合作，整合优势资源和能力，共同助力客户成功。与埃森哲的合作，将进一步加强华为在企业 ICT 市场的能力，使我们在丰富的产品组合基础上，为企业和运营商客户提供更多创新的软件和服务解决方案，帮助其提升效率和增加收入。”

如今，面对美国的打压，华为并没有发出“成也全球化，败也全球化”的哀叹，从而退缩于“舒适区”。相反，它逆势而上，在国内外展露自己蓬勃的进击姿态。

1.3　华为的生存困局

1998 年的《华为公司基本法》第一条中有这样一句话：“通过无依赖的市场压力传递，使内部机制永远处于激活状态。”

这句话中的“无依赖”是什么意思？从华为一贯的行为模式来看，即

不走捷径。华为多年“无依赖”地“死磕”研发、市场和管理，在形势一片大好时，做出极限生存的假设，使这个庞大的组织在面临生死存亡时，依然有底气地展露自己的斗志：不会向打压华为的任何势力妥协。

1.3.1 供应链被切断，终端业务陷入寒冬

2003 年，华为成立了自己的终端公司。2002 年华为的净利润为 1 亿美元，但是华为计划拿出 10 亿元来做手机。开始的策略是做运营商的贴牌定制机，但发展得并不理想，夹缝中生存的终端业务只能依靠其他业务“拆东墙补西墙”。2009 年，华为把海思的手机应用处理器业务转到终端公司，直接配套华为手机。

2012 年，搭载华为海思四核手机处理器的 Ascend D 系列发布，但因为手机发热严重，败北于市场。2013 年发布的华为 P2 手机，仍旧败北。直到华为 P6 以及后来的荣耀、Mate 系列发布，华为手机才渐入佳境。同时，华为在手机处理器的研发上也一发不可收，不断发布升级换代的麒麟 960、970、980 等手机处理器。而搭载了这些处理器的华为 Mate 系列、P 系列和荣耀手机，成功扭转了国人对国产中高端手机的认知。2018 年，华为手机全年销量 2 亿部，成为中国手机市场的第一大品牌。

但是紧接着 2019 年美国各种针对性的打压，导致 ARM、高通等芯片大厂断供，谷歌断交，Wi-Fi 联盟、SD 卡联盟纷纷将华为除名。华为手机苦苦支撑，但还是因为库存芯片用尽、海思芯片迭代遇到困难以及海外市场的不断萎缩，导致业绩大幅下降。华为在 2021 年年报中披露，以华为手机为主的终端业务“大滑坡”，同比下降 49.6%。

咨询调研机构 Omdia 的数据显示，2021 年华为手机出货量为 3500 万部，同比下降 80%；市场份额接连被小米、Vivo 和 Oppo 等品牌超越，从 2020 年全球第 3 位跌到全球第 9 位（见表 1-1）。

表 1-1　2021 年全球智能手机市场出货量排名

排　名	品　牌	2021 年		2020 年	
		出货量（亿部）	市场份额	出货量（亿部）	市场份额
1	三星	2.715	20%	2.563	20%
2	苹果	2.362	18%	2.044	16%
3	小米	1.902	14%	1.483	11%
4	Vivo	1.342	10%	1.079	8%
5	Oppo	1.341	10%	1.049	8%
6	真我	0.581	4%	0.391	3%
7	摩托罗拉	0.480	4%	0.333	3%
8	荣耀	0.398	3%	0	0
9	华为	0.350	3%	1.897	15%
10	传音	0.306	2%	0.232	2%
11	其他	1.611	12%	1.876	14%
总　计		13.388	100%	12.947	100%

相对比，三星在 2020 年、2021 年的智能手机出货量分别为 2.563 亿部、2.715 亿部，保持全球智能手机出货量的领先地位；苹果在 2020 年、2021 年的智能手机出货量分别为 2.044 亿部、2.362 亿部，出货量位居第二。

虽然外界舆论给予这份成绩单充分的体谅，也理解华为“非战之罪”，但芯片问题在华为手机产品上依然没有根本的解决办法。全球供应链体系的“断供”和西方国家的“禁用”短期内并不会改变，华为终端业务在长期内仍将承受巨大压力。公司转型，迫在眉睫！

1.3.2　海外市场被“清洗”，营收下滑

2019 年 5 月，美国对华为发起第一次打压，随后谷歌宣布不再为华

为提供 GMS（谷歌移动服务）框架，导致华为手机在海外的业务受阻。数据显示，2020 年第一季度华为手机全球出货量约 4900 万部，同比下滑 17%。在这约 4900 万部的手机出货量中，有 3000 多万部是在国内市场销售的，只有约 1900 万部是在海外市场销售的。可见，国内市场是华为最重要的市场，华为在国内的产品策略不断变化，就是为了更加适应国内的市场。

华为在海外市场卖出的约 1900 万部手机，大部分还是内置 GMS（谷歌移动服务）的老款手机，而谷歌对华为手机禁用了 GMS，导致华为在 2021 年为了内置 GMS，甚至将部分原本搭载麒麟 810 处理器的手机，更换为搭载麒麟 710 处理器的手机，因为搭载麒麟 710 处理器的手机是可以内置 GMS 的。但麒麟 710 处理器的性能不够强大，并且它也不支持 5G 网络。

虽然华为打造了全新的 HMS（华为移动服务），但是一些海外用户常用的软件还是依赖 GMS。很多媒体表示，虽然华为 Mate30 Pro 很优秀，但没有 GMS 是很不方便的，所以预计这款手机的销量不会太好。

华为终端业务在海外市场的苦日子才刚刚开始。2021 年和 2022 年初华为还可以通过销售老款的 4G 手机保持不错的份额，但随着 5G 芯片在全球市场的普及，用户可能都会选择 5G 智能手机；但华为旗下所有的 5G 手机都不允许安装 GMS，这将导致用户不会选择华为手机，华为手机的海外出货量还会降低。

华为的通信设备业务在海外市场也面临着巨大的阻力。

2022 年市场研究公司 Dell’ Oro 给出的数据显示，如果包括中国市场在内的话，2021 年华为占全球通信设备市场的份额达到 28%，比爱立信多 13%；但是在中国以外的市场，华为则仅占通信设备市场 18% 的市场份额，而爱立信和诺基亚则分别占 20% 的市场份额。对比可以看出，华为在海外的通信设备业务萎缩得比较厉害，而在高峰时期，华为海外通信设备业务能为公司提供通信业务半数的收入。

如今，华为再次积极开拓海外市场，北美洲、欧洲、大洋洲不能顺利进入，它就在中亚、东欧、南美等地拓展。但是美国的政策也催生了华为在海外的竞争对手，那就是华为原先在通信设备上的老对手——思科。在美国推动 ORAN（开放式无线接入网络）标准，降低了通信设备的开发难度之后，2021 年思科以 5.6% 的市场份额位居全球通信设备市场第五位。

思科在通信设备市场的发展速度非常快，这一点可以与三星做对比。2020 年，三星还位居全球通信设备市场第五位，思科的市场份额几乎为零。2021 年，思科取得的市场份额却比三星的 3.1% 还要多 2.5%，可见美国力推 ORAN 标准的威力。

2021 年，华为的通信设备业务缩减幅度在 7% 左右，不算太大，主要原因是中国这个全球最大的市场大举建设 5G 网络。2021 年，中国建设了大约 70 万座 5G 基站，总共拥有近 140 万座 5G 基站，占全球 5G 基站数量的近七成，而华为获得了国内 5G 设备市场近五成的份额，这有效稳住了其通信设备业务收入。

但是随着中国移动开建 700MHz 的 5G 网络①，加之 2021 年已完成近半 700MHz 的 5G 基站建设任务，预计 2022 年运营商不会再如之前那样大规模建设 5G 网络。而国内的 5G 网络建设告一段落也就无法继续为华为提供收入，迫使华为仍旧需要在海外寻求市场。

然而，海外市场在采买中国通信设备商的产品时可能会对美国有所忌惮，加上传统的通信设备厂商爱立信、诺基亚，如今还有思科和三星等，其竞争程度仍旧比较激烈，华为争取海外运营商的订单难度仍将非常大。

1.3.3　高筑墙，广积粮

尽管困难重重，但坚韧是华为血液里的基因。芯片被美国割了“腕”，

① 700MHz 的频段由于拥有覆盖优势，48 万座 700MHz 的 5G 基站足以覆盖农村地区，而城市地区则以高频 5G 完成了覆盖。

华为便启动了“南泥湾计划”，自力更生，为自己续命；系统被谷歌断了“腿”，华为便创建了鸿蒙系统，拄着拐杖前行。

“高筑墙，广积粮”，意思是加强防御、巩固实地，大量地囤积粮食，确保粮草充沛；也可以理解为“重视战略态势，注意后勤保障”。

这六个字很好地体现了华为被打压三年来的一系列战略措施：一是持续加大对技术的研发投入，目标是实现技术的“去美国化”；二是基于自己已有的技术沉淀，推动数字化在千行百业的应用；三是聚焦未来发展方向，将荣耀剥离，换取充分的“粮草”。

1. 加大对研发的投入

华为的传统是坚持每年按销售收入的 10% 拨付研究经费，紧紧抓住战略发展机遇。面向未来，华为还要加大研发的投入比例。

华为近三年持续在研究开发方面保持高投入。华为年报显示，2021 年，华为从事研究与开发的人员约 10.7 万名，占总人数的 54.8%；研发投入为 1427 亿元，约占全年收入的 22.4%。2011—2021 年累计投入的研发费用超过 8450 亿元（见图 1-2）。

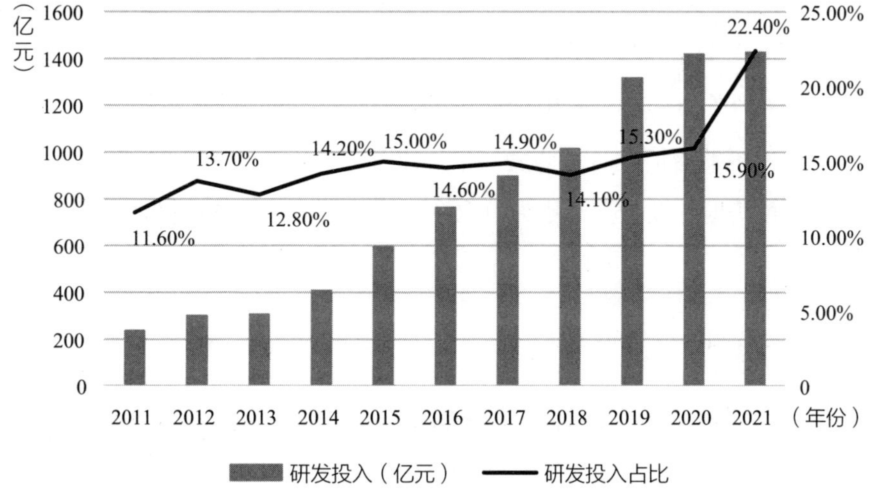

图 1-2　华为 2011—2021 年研发投入情况

华为已经成为全球最大的专利权人之一。截至 2021 年底，华为在全球共持有有效授权专利 4.5 万余族（超过 11 万件），其中 90% 以上为发明专利。华为在中国国家知识产权局和欧洲专利局 2021 年度专利授权量均排名第一，在美国专利商标局 2021 年度专利授权量位居第五。

华为面临着芯片制造的先进工艺不可获得的问题，但这个问题不是靠节衣缩食来解决的，要以创新思维解决技术和工艺的难题，最终构建一个高度可靠的供应链。

在 2022 年 3 月的业绩报告会上，轮值董事长郭平给出华为对这个问题的解决方案：华为未来将投资“三个重构”，即基础理论重构、架构重构、软件重构，用堆叠、面积换性能，用不那么先进的技术让华为公司的产品具有竞争力。

华为将持续加大研发投入，加强系统工程创新，推动基础理论、架构和软件的三个重构。正如华为轮值董事长郭平所说：“面对挑战，华为将坚持全球化，大幅增加对根技术的战略投入，努力实现基础理论、架构和软件三个重构，以此持续提升华为的中长期竞争力，支撑 ICT 行业长期可持续发展。”

2. 在不同的业务方向破冰

手机在近几年不可能成为华为的支柱业务，因此，华为在其他业务方向将采取更积极的探索，简而言之，就是“做厚企服，做强云车”。

华为在 2021 年年报中表示，过去三年，华为与产业界的客户、伙伴及学者通过 2000 多次研讨，形成了面向下一个十年的思考：在宏观层面，提出了跨学科、跨领域的八大探索方向，阐述 ICT 如何解决人类发展面临的问题与挑战，为组织、个人带来哪些新机会；在产业层面，系统思考了通信网络、计算、数字能源、智能汽车解决方案，以及智能终端等领域的未来技术和发展方向。

围绕这些产业方向，华为从 2021 年开始进行组织变革，直接面向市场

寻求增长。截至 2022 年 5 月底，华为已经成立 20 个军团，这些军团大多集中在企业业务领域。华为通过“军团”的形式，降低了供应链市场规则的影响。在深耕企业业务的同时，华为云和智能汽车业务也成为华为寻求增长的重要方向。

3. 聚焦战略方向，存足粮草

华为发布的 2021 年年报显示，公司实现销售收入 6368 亿元，同比下降 28.6%。但在净利润方面，华为在 2021 年实现净利润 1137 亿元，同比猛增 75.9%，为五年来净利润最高，接近 2019—2020 年的净利润总和；营业利润率也以 19.1%，成为近五年的新高。

在年报中，华为解释净利润的增加主要由于出售荣耀等业务的收益、经营质量的改善和产品结构的优化。另外，华为通过简化管理、充分运用数字化技术、持续提升内部运营效率，使销售和管理费用减少 93 亿元。这为华为艰苦、长期的奋战积蓄了粮草。

华为在关键的时刻“有所为，有所不为”。“欲所为的全力以赴，欲不为的落花化泥”，这是华为在被打压三年之后，仍旧充满生机的方向性策略，也是其种种破局策略的指南针。

第 2 章
华为战略破局

人们说“人生如棋，识局者生，破局者存，掌局者赢”，企业也是如此。当前，华为面临着极限挑战与生存困局，唯有打破常规、走出牢笼，才能不破不立。

2.1 以空间换时间

在生存困局下，华为的目标转变为“有质量地活下来”。为此，任正非坚定地表示，活下来的充分必要条件就是在优先满足客户需求的基础上，质量好、服务好、运作成本低以及正现金流。

2.1.1 危机之下，众志成城

明者因时而变，知者随事而制。早在 2019 年 2 月，即美国特朗普政府正式对华为发起第一次打压之前，任正非就曾在内部发表讲话说：“公司已进入了‘战时状态’，战略方针与组织结构都做了调整……我们不管身处何处，都要看着太平洋的海啸，要盯着大西洋的风暴，理解上甘岭的艰难。要跟着奔腾的万里长江水，一同去远方，去战场，去胜利。”正是华为这种对市场风险的敏感度和时刻保持的警惕性，促使它未雨绸缪，在面对第一次打压时首先以零部件库存备货和芯片“备胎计划”应对来势汹汹的危机。

但是，华为所面对的危机，远远超出人们的想象。如何打破美国的技术打压？如何在这场战争中“有质量地活下来”？这绝不是华为高层管理者们的单方面应战，而是所有华为人的集体作战——集体奋斗，集体立功，集体受奖。对此，任正非表示，公司处在危急关头，一是要号召大家立功，发挥已知力量，调动积极性；二是要尽快选拔优秀人才，挖掘未知力量，补充人才队伍。

【案例】规范代表处和系统部的作战权力

2019 年 8 月 19 日，华为心声社区发布了任正非最新签发的总裁办电

邮，主要是对代表处和系统部的作战权力做出规范。邮件中明确指出，选人用人要做好充分的准备，要以责任结果为导向，激活队伍，选拔人才，给组织增加“活血”。

（1）坚决走“精英＋精兵＋职员”队伍的建设道路，形成“弹头＋战区支援＋战略资源”的作战队列。

一线的弹头部分是代表处的大系统部，由精英带领一批有经验、善于作战的精兵上场；区域能力中心和资源中心由一群有实力、有经验且善于“啃骨头”的中青年骨干组成，是战区支援的补充作战力量；战略资源方面由一批有能力、有经验的专业职员带领一群有潜力的战略预备“新兵”进行训练、考试，教他们学会“开枪”。

（2）“火线选人、战壕中提拔”，以贡献为中心，在实战中加快基层人员的选拔，提高一线作战人员的职级。

危难时刻见英雄。战时选拔人才就看战功如何，每个人都有从“小兵”升到“司令”的机会。公司不单要看基层员工如何争取机会，发挥自己的优势，还要看干部们在权力范围内是否敢于提拔、推荐优秀人才。这既是对基层员工的考验，也是对中高层干部的考验。

（3）强调集体作战，从包产走向合作制。

“军团”作战方式的建立，是强调集体奋斗，集体立功，集体受奖，进而避免包产到个人。对于连续性作战的立功奖励分为中级干将破格、高级领导顺格、无法直接干预职级的人员拿奖金三种形式，激励各层员工充分发挥自身的主观能动性。

（4）代表处作战除了主战部队，还需要贴近主战部队的支援保障部队以及后勤保障部队。

主战部队负责“攻山头”，支援保障部队业精于勤，坚决执行主战部队的命令，和后勤保障部队一起负责资源支持。

另外，华为作为一家容纳近20万名员工的超大型科技公司，除了参

与直接作战的精兵强将，其他员工应心如止水，其参战方式就是做好本职工作。

从未雨绸缪到组织激活，从“精英+精兵+职员”的作战队列，到“火线选人、战壕中提拔”的激励方式，再到“军团”作战方式，至此，华为人已做好充分的参战准备，随时出征。因此，尽管目前的形势不容乐观，但任正非很有信心，华为一定能凭借自己的技术打破美国的技术打压，打赢这场“战争”，继续蓬勃发展。

2.1.2 “做减法”，收缩战线

哈佛商学院大学教授迈克尔·波特曾在《管理就这么简单》一书中阐述，为了把企业做大做强，很多企业家总想着“应该多做些什么”，而不是“能否少做些什么”。两者不一样的地方就在于，前者是“做加法”，后者是“做减法”。仿佛要验证迈克尔·波特所阐述的话一般，许多知名企业都在“做减法”中找到了其在经营管理过程中的最优解。

【案例】通用电气：“中子弹杰克”的“数一数二”战略

20世纪80年代初，通用电气受到日本明星企业的竞争压迫，其主要业务中仅有照明、发动机、电力这三个事业部在各自领域处于行业领导地位，并且其营收的2/3来自增长缓慢或者根本没有增长的老业务。

在经过8个月的思考后，杰克·韦尔奇提出了著名的“数一数二”战略：任何事业部门存在的条件就是在市场上“数一数二”，否则就要被整顿、出售或者关闭。

在接下来的5年里，通用电气卖出了价值110亿美元的业务。大刀阔斧地执行整顿、关闭、出售策略，不仅让通用电气12个事业部处于各自市场数一数二的地位（如果单独排名，其中9个能入选《财富》世界500强），也让杰克·韦尔奇在公司内部得到了“中子弹杰克”的绰号。

【案例】IBM："铁血宰相"郭士纳的"休克疗法"

IBM成立于1911年，是全球历史最为悠久、实力最为雄厚的计算机企业之一，被视为美国科技实力的象征和国家竞争力的堡垒。但是在进入20世纪90年代后，由于臃肿的机构组织和封闭的企业文化，IBM开始走下坡路，并且面临着被"肢解"的危险。媒体甚至将其境况描述为"一只脚已经迈进了坟墓"。

1993年4月1日，郭士纳受命于危难之际，接手IBM成为董事长兼CEO。他以务实的态度，坚持采取"休克疗法"，在短短半年之内卖掉不赚钱的业务，大幅削减成本，同时减少给股东的分红，并且成功说服董事会进行结构重组；重振大型机业务，拓展服务业范围；改变IBM的经营模式，从硬件制造转向服务提供。

针对公司分化的危机，郭士纳做出了"保持IBM的完整性"的重大决策，以客户为基础将IBM划分为12个集团，并在公司层面为这12个集团分配了财务会计人员，还将IBM所有分散独立的广告部门进行了整合，由一个广告代理机构统一代理。

在郭士纳为IBM掌舵的9年间，IBM的命运得以重塑，再次成为全球最赚钱的公司之一。

可见，高明的管理者往往善于在适当的时候"做减法"。面对美国持续的打压，华为正处在这个"适当"之时。正如任正非所说，"公司的资金是有限的，要将每一笔钱都用在刀刃上"。"做减法"的要点就在于集中目标和精力，为企业创造更大的效益。

为了减少不必要的消耗，华为收缩战线，在业务上"做减法"，停掉相关产品；集中精力与资源，着重发展核心业务，以保持市场竞争力，从而为自身创造更大的机会和效益。

【案例】华为打包出售荣耀，收缩智能手机业务

2013年，华为为了吸引年轻消费者，打造了荣耀这一科技潮牌。荣耀成立之初，定位中低端市场，注重性价比。不得不说，荣耀发展迅猛，截至2019年，荣耀手机在国内的市场份额超过小米手机，仅次于华为、Oppo与Vivo，在年轻消费者群体中深受喜爱（见表2-1）。

表2-1　2018—2019年国内手机市场份额排名

排　名	品　牌	2018年全年市场份额	2019年全年市场份额
1	华为	13%	24%
2	Oppo	18%	18%
3	Vivo	18%	18%
4	荣耀	12%	11%
5	小米	12%	10%
6	其他	27%	19%
总　计		100%	100%

除了手机业务，荣耀在智能电视、笔记本电脑及平板电脑等终端市场也都有相关的拓展业务。可以说，在消费者业务上，除了“华为”这一主品牌，荣耀也为华为创造了相当不错的营收。

然而，美国自2019年起对华为发起持续打压，华为的手机业务由于芯片供应链被切断，无论是华为手机还是荣耀手机都无法按需及时出货。为此，华为采取出售荣耀品牌、收缩智能手机业务的措施以达业务自救目的。2020年11月17日，多家企业在《深圳特区报》发布联合声明，深圳市智信新信息技术有限公司完成对荣耀品牌相关业务资产的全面收购。

将荣耀整体打包出售这一举措，不仅让华为自己的手机业务有了足够的芯片得以正常延续，还让荣耀自此不受芯片禁令的限制，可以继续向高通、联发科等企业购买芯片，将品牌继续发展壮大，更让华为获得了1000

多亿元的资金收入，有了充足的“粮草弹药”进行备战，就可以集中精力破解当前的生存困局。

不只是消费者业务，华为心声社区 2020 年 12 月 30 日发布的任正非在企业业务及云业务汇报会上的发言中指出，华为企业业务也要继续“做减法”，收缩战线，并且“有所为，有所不为，不能面面俱到”，并针对后续该如何“做减法”做出了详细的解答。

第一，企业业务在原来确定的四个行业的基础之上，不再增加、扩大新的作战面，只集中精力将已确定的项目做好、做精，抓住自己能做的、擅长的领域，将资源集中投入，扎扎实实打通障碍壁垒，找到更好的解决方案。

第二，企业业务要明确立足于连接，立足于华为云。这是立身之本，只做自己能做的事情，积极了解服务对象的工业和 Know-How（一个行业的专有技术和知识），做一个支撑个性化应用的“黑土地”平台。

由此可见，华为在“做减法”，收缩战线时，聚焦战略重点，坚持“有所为，有所不为”。

2.1.3　与时间赛跑，用空间换时间

美国对华为采取的种种限制举措，表面上是在打压华为，使其面临无芯片可用的困境，实质上是在打压我国的信息与通信技术产业。然而，如何应对美国的极限打压，目前最简单也最困难的应对措施，就是重新打造一条完整的半导体产业链。

正如 2019 年 2 月 16 日任正非在无线大会上对于形势的分析所言：“由于外部客观环境的变化，越来越难获得发展的要素，越来越难去资助催生这种先进要素的产生。”这条新的产业链，不管是建立在国内，还是与国

外厂商合作，都不是一项短期工程，不仅需要长时间的研究和开发，还需要大规模的资金投入。同时，任正非表示，“当前的困难处境逼迫进行组织结构变革，也被迫更多依靠自力更生”。

这是一场与时间的赛跑，华为要自力更生，不仅要高筑墙——进行必要的组织变革，还要广积粮——拓展财源，以面对不确定的未来和即将到来的 5G 大规模建设。

2019 年 2 月 16 日，任正非在无线大会上发表题为《我们要和时间赛跑》的讲话。讲话中提出了三点要求：

一是要坚决做成全球最好的网络连接，最安全可信的管道。重视网络极简和云、人工智能这两个赛道，同时把家庭接入作为战略高地。

二是进行必要的组织改革。以作战人员为中心，建立有序有力的组织队列；减少作战决策层级，减少协调，减少会议。

三是工程创新与科学创新结合。面向最佳用户体验、最佳性能，进行系统创新，从单点突破，牵引多点突破，推动系统优化创新。

华为作为一家技术领先型企业，坚持将每年销售收入的 10% 投入研发。华为年报显示，2011—2021 年研发累计投入已经超过 8450 亿元，平均每年支出近 800 多亿元。如此持续不断的大规模研发投入，是国内大多数高科技企业都无法企及的。

2019 年以前，华为的资金主要有两个来源：一是从业务经营中直接获得；二是员工持股，从员工手中获得认购股份的集资款。2019 年以后，华为增加了向境内发债融资的筹资途径。

2019 年 10 月，华为首次在国内发行中期票据进行融资，当年共发行了两次，共计 60 亿元；2020 年共计发行四次中期票据，共计 90 亿元；2021 年发行中期票据两次，共计 80 亿元。2022 年 1 月，华为先后发行

2022 年度第一期中期票据和第二期中期票据，发行总额为 70 亿元；2 月再发行 2022 年度第三期中期票据，发行总额为 40 亿元。

除了发债融资，华为采取的另一个增收手段是利用 5G 专利，向终端厂商收取一定的专利费。

2021 年 3 月，华为收取 5G 专利费，单台手机专利许可费上限为 2.5 美元。这并不是华为首次收取专利费。早在 2019 年 6 月，华为就向美国最大的无线运营商威瑞森通信公司提出支付超过 230 项专利许可费，共计总金额超 10 亿美元。

任正非认为，专利收费“不能要得太低，要得低了，就遏制了整个社会的创新”，为保证后续持续研发投入的正向循环，专利定价至少高于研发投入（包括直接研发成本和因此而产生的失败费用）。

高通公布的 2021 年第四季度财报显示，其总营收为 93.36 亿美元，净利润为 27.98 亿美元。其中，芯片业务收入 77.3 亿美元，利润率为 21%；专利授权业务收入 15.6 亿美元，利润率为 72%。

从通信巨头高通的营收数据中可知，虽然高通的专利授权业务仅占总营收的 16.7%，却贡献了 40% 的利润。由此可见，5G 专利费对于华为而言，将是一笔不小的收益，可以让其继续在通信研发上投入更多的精力。

有了足够的资金来源，就有了充足的现金流，即使营收增速放缓、规模收缩，华为也可以在保证公司正常运转的同时，继续保持对研发的高投入，保证长期稳定的发展，以应对不确定性的未来。

2.2 寻找新的增长引擎

从2021年的年报来看，华为整体营收规模下降，消费者业务收入减半，情况并不乐观。显然，华为需要找到新的业务增长点，不断拓展更多新业务。正如任正非所言，“向上捅破天，向下扎到根”。

2.2.1 打造第二增长曲线

一次旅行时，管理思想大师查尔斯·汉迪向一个当地人问路。

当地人告诉他：“一直往前走，你就会看到一个叫Davy的酒吧，在离酒吧还有半里路的地方，往右转，就能到你要去的地方。”

当地人走了之后，汉迪才明白过来，当他知道该从哪儿转的时候，他已经错过那个地方了。

查尔斯·汉迪把从拐点开始的增长线称为“第二曲线”，并认为任何一条增长曲线都会滑过抛物线的顶点，即增长的极限，而一家企业保持持续增长的秘密，就是在第一条曲线消失之前开始一条新的曲线。

然而，实践告诉我们，很少有公司领导人能在公司业务恰好接近顶峰的时候投入充分的资源来开辟一项短期内没有收益的新业务，通常的情况是知道现有的成长曲线明显下滑时才开始另辟蹊径。但是在拐点以后，不仅企业所能够调动的资源明显减少，市场也可能出现更多新的竞争对手。

所以，企业要在第一条曲线的拐点到来之前做一个新业务，开辟一条新曲线。那这个业务如何做出来呢?

——创新。

【案例】马化腾：腾讯如果没有微信，可能是一场灾难

2010年左右，以PC（个人计算机）为终端的互联网正在向以智能手

机为终端的移动互联网转变。

QQ 是 PC 互联网的产物，通过“昵称 + 密码”来注册；交流上更加依赖于文字、图片、表情等；有非常丰富的附带功能，比如 QQ 空间、QQ 宠物、QQ 游戏等，很适合年轻群体。但是对于当时的智能手机而言，其性能还不足以与电脑匹敌，无法承受数据庞大且臃肿的社交工具。而且在移动互联网时代，网络社交不只是年轻人的事，因此需要有一个全新的、适合所有人群的，从软件的注册、登录到使用都简约的 App（手机软件）来替代。

当时，中国移动的“飞信”、小米的“米聊”以及海外社交软件的崛起，都让马化腾感到了危机，促使他在短时间内大胆改革，采用“赛马”式开发模式，在腾讯内部成立了 3 个团队，同时开发“wechat”，谁先开发出来，就用谁的。

微信是移动互联网的产物，用“手机号 + 验证码”即可完成注册，并且可以直接用语音沟通；主打“熟人社交”，可通过手机联系人来添加好友，和以前的手机短信很像，满足了普通用户的基本需求，并且不需要支付短信费用。在移动网速快速提升之后，微信逐渐推出朋友圈、公众号、小程序等，丰富软件的功能与生态，更好地服务用户。

对于微信这种移动互联网社交工具，就算腾讯自己不做，也会有别家做出来，只不过腾讯就会失去一个庞大的市场。从 QQ 到微信，腾讯及时察觉风向，发现危机，开展保护性的自我革命，在社交平台这一业务上开辟出“第二曲线”，打造了一个新的且形成口碑传播的爆款社交软件。

华为之所以营收规模收缩，很大程度上是由于消费者业务受到芯片供应的制约，但实际上，2021 年科技企业与互联网企业普遍增速放缓，传统核心业务疲软，占比或多或少有所下降。

面对业务增速放缓的趋势，不少科技公司调整发展策略，聚焦于创新研发，积极部署新业务，不断挖掘新的增长点。部分企业在收入结构上做

出了积极性的调整，新兴业务逐渐开始强势发力。

2021 年腾讯金融科技及企业服务收入为 1722 亿元，同比增长 34%，占总营收比重约 30.7%；该板块第四季度营收首度超越网络游戏板块，成为腾讯营收贡献最大的业务板块。

2021 年百度智能云业务迅速增长，在制造业、能源业、交通及汽车等行业均有拓展。

单从亚马逊、微软及 Alphabet（谷歌母公司）的财报来看，2021 年云业务成为它们最大的增长点（见表 2-2）。

表 2-2　2021 年亚马逊、微软、Alphabet 云业务营收情况

公　司	2021 年云业务营收（亿美元）	同比增长	云业务营收占比
亚马逊	622.02	37%	13.20%
微软	677.84	27%	36.67%
Alphabet	192.06	47%	7.36%

2006 年，亚马逊创始人贝索斯宣布亚马逊将投资创立云计算业务——AWS。此后，全球开始云计算市场的角逐。

2008 年，谷歌和微软相继推出了云计算产品 GAE 和云计算战略平台 Windows Azure（2014 年更名为 Microsoft Azure）；同年 9 月，阿里巴巴确定“云计算”和“大数据”战略，开始自主研发大规模分布式计算操作系统“飞天”。

2011 年阿里云官网上线，开始大规模对外提供云计算服务。

行业权威研究机构 Gartner 发布的 2021 年全球云计算 IaaS（基础设施即服务）市场份额数据显示，全球云计算 IaaS 市场规模增长至 908.94 亿美元，亚马逊、微软、阿里云、谷歌云依次位列全球前四名，占据了全球

云计算市场 76.6% 的份额（见表 2-3）。

表 2-3　2021 年全球云计算 IaaS 市场份额

排　名	名　称	IaaS 营收（百万美元）	份　额
1	亚马逊	35 380	38.92%
2	微软	19 153	21.07%
3	阿里云	8679	9.55%
4	谷歌云	6436	7.08%
5	华为云	4190	4.61%
6	腾讯云	2585	2.84%
全球总计		90 894	100%

可以看到，华为云的表现也较为抢眼：2021 年华为首次公布云业务收入，实现销售收入 201 亿元，同比增长 34%，在中国市场地位仅次于阿里云，排名第二，在全球 IaaS 市场排名上升至第五名。

华为年报显示，2021 年华为云服务了 600 多个政务云，帮助了超过 35 个城市政务云升级；服务了超过 30 家汽车制造企业、超过 15 家家电头部企业；帮助了 1.7 万家制造企业数字化转型。

另外，调研机构 Canalys 发布的 2022 年第一季度中国云计算市场报告显示，2022 年第一季度中国云计算市场总体规模达到 73 亿美元，同比增长 21%。在市场份额方面，阿里云、华为云、腾讯云和百度智能云这"四朵云"占据的市场份额达到 78.8%，所占市场份额依次分别为 36.7%、18.0%、15.7%、8.4%。

Canalys 在报告中提到，虽然"四朵云"依然保持着中国云服务的领先位置，但是实际上云服务商之间的服务能力差异正在缩小，厂商之间的竞争开始加速。

2020 年，政府机构以及以金融、制造、教育、医疗等为代表的传统行

业数字化转型需求持续增加，政企云成为公有云市场争夺的新蓝海。华为在服务器领域拥有自己的芯片，能够满足庞大的数据业务需求，因此在这场蓝海竞争中，华为云服务的营收也占据越来越多的份额。

2.2.2 向上捅破天

一直以来，华为的营收主要来源于消费者业务、运营商业务和企业业务“三驾马车”。其中，消费者业务（尤其是手机业务）在遭遇美国多次打压后，举步维艰。华为 2021 年年报显示，其营收规模减半，进而影响了华为整体营收规模。

未来究竟该何去何从？华为借助自身在 ICT 产业的长期积累，不断拓展新业务，以寻找新的增长引擎。

2021 年，华为全球总收入同比下降 28.6%，净利润却同比增长 75.9%。虽然营收规模下降，盈利能力却明显增强，这无疑与华为不断优化产品结构，拓展新业务有关。对此，华为轮值董事长郭平评价道：“公司整体经营情况符合预期，运营商业务表现稳定，企业业务稳健增长，终端业务快速发展新产业，生态建设进入快车道。”其中，终端业务即指消费者业务。2022 年，华为将用了 10 年的“消费者业务”更名为“终端业务”，全面进军商用市场。

2021 年，在手机业务受到较大影响的情况下，华为终端业务里的智能穿戴、智慧屏、TWS（真正无线立体声蓝牙）耳机等业务均实现持续增长，其中智能穿戴设备和智慧屏业务收入同比增长超过 30%。余承东表示，在芯片问题尚未解决的当下，华为不会放弃手机业务，但是在未来 5 至 10 年内，全场景智慧生活将作为华为终端业务的长期战略，围绕着智慧办公、运动健康、智能家居、智慧出行、影音娱乐五大场景进行产品创新，打造多终端、多场景协同的全场景智慧生活体验。

【案例】重启“终端业务”，2B 和 2C 双线并行

过去，华为一直坚持以消费者为主体，打造极致的产品体验；未来，华为将为商业客户打造更好的产品体验。重启后的终端业务将覆盖消费产品和商用产品两大板块。

消费产品继续以大众消费者为中心，打造全场景智慧生活。

华为通过智能穿戴设备，向消费者提供了全面科学的运动健康服务。华为智能穿戴设备与专业医疗机构合作，以智能终端和数据平台为中心，为消费者提供专业的主动健康管理服务。

商用产品则聚焦于政企客户，专注于为政府机构，以及教育、医疗、制造、交通、金融、能源等行业提供商用办公解决方案。

2021 年 9 月，华为正式推出了笔记本电脑、一体机、鸿蒙打印机、曲面屏显示器等十余款办公终端，如笔记本 MateBook B 系列、台式机 MateStation B 系列、打印机 PixLab B 系列、智慧屏 B 系列、显示器 B 系列等，并依托 HarmonyOS（鸿蒙系统）满足组织或企业对办公设备的多维管理需求。

华为坚持推进“1+8+*N*”全场景智慧生活战略，以 Harmony OS 和 HMS 为核心，探索终端业务其他品类的发展可能。

不过，华为终端业务的重启及其“1+8+*N*”战略的打造和推进，不得不让人想起早在 2013 年就率先抛出“万物皆可 OTA（空中下载）”理念、打造生态链的小米。2019 年 11 月，小米也公布了其在 IoT（物联网）品类上的“1+4+*X*”战略，其中的“*X*”代表生态链企业和合作伙伴提供的 IoT 产品。

两者虽然“同归”，抢占同一个市场，在战略和布局上也有相似点，但总归是“殊途”的。

在《小米生态链战地笔记》一书中，小米官方将小米的生态链打法称

为“竹林效应”。什么是竹林效应？打个比方，“基业长青”的传统企业像百年松树，需要经年累月才能长成，并且遇到大风还有可能被连根拔起；而互联网时代的企业就像竹子，虽然生命周期短，但是成长速度非常快，一旦变成竹林，就能够生生不息。在构建小米生态链的过程中，小米就通过投资与合作的模式，囊括了大量智能硬件公司进入“小米生态链”，打造了一片竹林。

华为所采取的方式是联合不同领域的头部厂商，进行联盟作战，其作用更多在于连接，对合作伙伴产品的把控较少。而小米模式则对生态链企业的产品有较大的控制权。比起合作伙伴，小米更像是生态链企业的“保姆”，因此，小米能够通过制造爆款产品，快速占领多个细分赛道的头部位置。

从 2013 年至 2022 年，在近十年的布局之下，小米以性价比高的手机产品开路，围绕手机业务逐步切入智慧家庭场景，由小型电器逐步延伸至生活用品。截至 2021 年底，小米生态链企业已经超过 300 家，其中已上市的就有 4 家；IoT 平台接入用户超过 4 亿个，获得销售收入 300 亿元。可见，小米的“万物互联”生态，在国内市场确实已经走得更远。

不过，华为的鸿蒙系统，代表了其底层软件能力以及协同软硬件统一的技术积累，作为下一代分布式多端智慧化操作系统，在“万物互联”的市场上，更具说服力，也将拥有更多话语权。

2021 年，运营商业务成为华为第一大营收来源，其中海外业务占比超过 50%。据华为透露，华为和运营商、合作伙伴一起，累计签署了 3000 多个 5G 行业应用商用合同，在制造、矿山、钢铁、港口、医疗等行业规模商用。C（消费者）端业务承压后，华为战略要点向 B（企业）端业务转移。

（1）调整组织架构，直接面向市场。

华为的产品线长，技术繁杂，它通过调整组织架构，缩短管理运作链

条，直接面向市场，快速满足客户需求。针对政府机构，以及交通、金融、能源、制造等重点行业，华为发布了11大场景化解决方案，于2021年成立了煤矿、智慧公路、海关和港口、智能光伏、数据中心能源五大军团，以便快速集结资源，高效服务客户。

（2）“一切皆服务”，部署华为云服务。

华为提出“一切皆服务”的战略，在全球范围内部署华为云服务。

①基础设施即服务。截至2021年底，华为云在全球27个地理区域部署了65个可用区，覆盖170多个国家和地区。

②技术即服务。华为以云服务的方式，将每年研发投入的成果和30多年的技术积累开放提供给客户，打造开发生产线，让各行各业的软件开发更为简单快速。

③经验即服务。华为云将华为多年来与各行业的合作创新以及数字化转型经验沉淀在开天aPaaS平台上，分类聚合行业所需能力和技术，将其变成可被调用的接口服务，开放给各行业开发者，帮助企业做好云转型顶层设计，使能场景化创新。

（3）进军智能汽车领域。

早在2019年华为就开始布局智能汽车行业，成立智能汽车解决方案BU（业务单元），致力于帮助车企造好车、卖好车。

华为不造车，它坚持“平台＋生态”的发展战略，运用30多年在ICT领域的技术能力与汽车行业深度合作，通过Huawei Inside和智选模式为车企提供包括自动驾驶、人机交互系统等解决方案，协助厂商造车。

华为已经构建了7大智能汽车解决方案，上市了30多款智能汽车零部件，与300多家车企和伙伴建立了合作关系。

例如，华为在自动驾驶上与北汽合作打造了极狐阿尔法S HI，在人机交互系统上与东风小康合作打造了赛力斯SF5。另外，它还与金康赛力斯合作打造了高端智慧汽车品牌AITO旗下的首款产品——问界M5。

外部环境越是极端恶劣，越要强大自己，展现自身的韧性和顽强。面对消费者业务大幅下滑，华为另辟蹊径，探索手机之外的智慧生活场景；通过组织变革建立行业军团，缩短管理链条，直接面向市场；结合数字化转型浪潮，将自身的技术和客户的诉求相结合，部署华为云服务，进军智能汽车领域，打破格局，广开新路。

2.2.3 向下扎到根

华为轮值董事长郭平曾表示，华为的问题不是靠节衣缩食就能解决的，要进行系统架构优化、软件性能提升和基础理论探索，同时通过解决技术和工艺难题，构建一个高度可信可靠的供应链，从而推动系统整体竞争力的构建。

自 2019 年 5 月至 2022 年，美国对华为发起了四次打压，导致其芯片供应链被“卡脖子”，手机等终端产品无法按需出货。虽然华为在第一次被打压之前紧急采购了一批芯片，但无法满足其长期需求。为此，华为同时成立哈勃投资，建立了产业投资平台，累计投资涵盖芯片设计、检测装备、半导体材料等领域超 60 家企业，这表明华为为了攻克芯片难关，正在深入布局信息和通信产业链前端，希望构建一条自主可控的半导体产业链，实现芯片的自给自足。

除了芯片供应链被切断，华为还面临着谷歌移动服务（GMS）被禁用的问题。谷歌不再提供 GMS 以及后续安卓版本的更新，无异于将华为从安卓生态系统中剥离。为此，基于任正非“向下扎到根”的理念，华为走上一条全面自主的生态建设道路。

“向下扎到根”的意思是，华为要从编译器、编程语言等底层根技术出发，在基础研究、系统开发等领域布局，在各项系统底层技术上对谷歌的安卓系统进行全面替换。

【案例】华为研发鸿蒙系统，全面替代安卓系统

2019年8月9日，华为在广东省东莞市举行华为开发者大会，正式发布操作系统鸿蒙OS；2020年9月10日，华为鸿蒙系统升级至HarmonyOS 2.0版本。华为2021年年报显示，截至2021年底，搭载HarmonyOS的华为设备超过2.2亿台。

（1）HMS（华为移动服务）是华为为其设备生态系统提供的一套应用程序和基础服务。华为用HMS替换了谷歌的GMS，使国内的华为手机不仅能够正常使用各类App，还可以通过华为应用市场下载使用"全球化+本地化"创新应用。

华为消费者业务CEO余承东表示，截至2021年12月31日，接入华为HMS生态的注册开发者已超过540万人，集成HMS Core（华为移动核心服务）能力的应用超过18.7万个，华为终端全球月活跃用户高达7.3亿人，HMS全球应用数量相比2020年增长147%，全球应用分发量超过4320亿次。

（2）打造根技术。华为公司副总裁、计算产品线总裁邓泰华表示，华为要打造根技术，包括操作系统、数据库、芯片、编译器、编程语言、指令集等。华为方舟编译器已经发布了1.0版本，编程语言"仓颉"将于2022年下半年发布。2022年6月16日，邓泰华在"华为伙伴暨开发者大会2022"上透露，华为2022年将推出自研的编程语言"仓颉"，将鸿蒙和欧拉在应用开发生态上进行打通。

（3）鸿蒙系统的更新迭代。鸿蒙系统已升级至HarmonyOS 2.0版本，据传该系统升级至3.0版本之后，华为将全面删除谷歌开源代码。

考虑到鸿蒙应用生态的有限性，华为引入了安卓代码框架，使升级了鸿蒙系统的华为手机用户仍然能够下载所需的安卓应用。但是随着鸿蒙生态的发展扩大，会有越来越多的App厂商和开发者涌入，鸿蒙生态必然能够自成体系，全面替代安卓系统。

供应链被切断，华为未雨绸缪，提前备货；海外市场被清洗，被动剥离安卓生态，华为另辟蹊径，自主研发鸿蒙系统。华为走到这一步，绝不是信手拈来、一蹴而就的。

早在 2012 年，华为就开始规划鸿蒙系统。此后 9 年，华为对于研发的投入屡创新高，每年都保持在营收的 10% 以上，2021 年更是达到了 1427 亿元，约占全年收入的 22.4%。可见，鸿蒙系统的迅速崛起，离不开华为人夜以继日的付出和努力。

2.3 重构企业业务

作为全球领先的信息与通信技术（ICT）基础设施和解决方案提供商，华为致力于通过数字化构建万物互联的智能世界，其三大 BG（业务集团）分别是消费者 BG、企业 BG、运营商 BG。

前面已经说过，由于美国的多次持续性打压，华为的消费者业务举步维艰、大幅下滑，运营商业务相对稳定，唯有企业业务维持着增长态势。2020 年以来，全球以金融、制造、教育、医疗等为代表的传统行业加速数字化转型，企业业务将成为华为的重要“粮仓”。

2.3.1 企业业务现状

作为华为三大 BG 之一，华为官网资料显示，企业 BG 是面向企业 / 行业客户的解决方案营销、销售和服务的管理和支撑组织，主要针对不同客户的业务特点和经营规律提供创新、差异化、领先的解决方案。

（1）企业 BG 情况介绍。

华为企业 BG 于 2011 年成立，当年实现营收 91.64 亿元，连续十年保

持增长，到 2021 年已实现营收 1024 亿元（见图 2-1）。

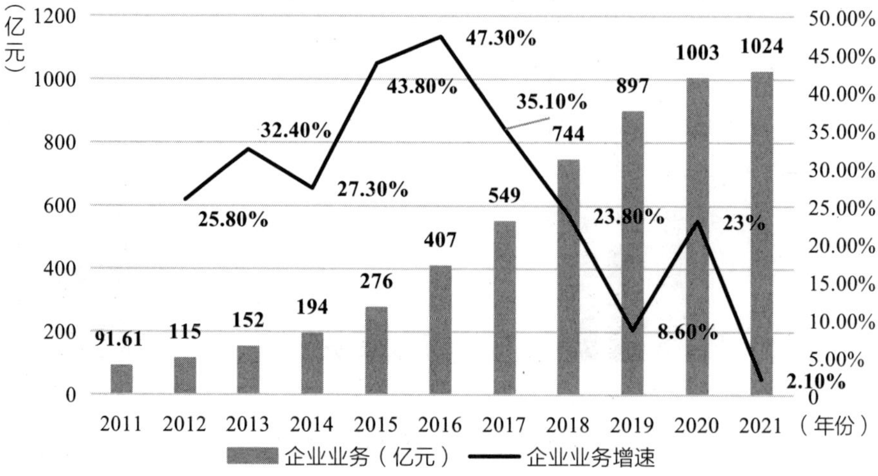

图 2-1　2011—2021 年华为企业业务变化情况

2014 年初，任正非曾在企业业务座谈会上表示，要聚焦于“10% 的企业，10% 的地区”，在少量有价值的客户、有竞争力的产品上推进企业业务的发展和突破。截至 2021 年，华为企业 BG 经过持续发展壮大，囊括了 10 多个行业业务部，每个独立的行业业务部下，又涵盖了众多子行业，比如交通业务部涵盖航空、公路、铁路等子行业，能源业务部涵盖电力、油气等子行业。

过去华为的企业业务以销售模式为主，多与渠道类合作伙伴共同销售各种硬件设备，比如能源业务部面向电力行业销售光网络、数据通信等硬件产品。因此，过去的企业 BG 业务类似“拼盘”业务，产品成分比较复杂：既包括服务器、存储器，也包括路由交换器、数据通信；既包括视频监控，也包括操作系统与数据库等。而且，相比于消费者 BG 和运营商 BG，企业 BG 在业务水平和规模上也还处于早期阶段，营收规模较小。

（2）三大 BG 业务情况对比（见图 2-2）。

华为消费者业务在收入大盘内一直占大头，2020 年达到顶峰，实现营收 4829 亿元；然而，由于众所周知的原因，消费者业务在 2021 年大幅下

滑，营收只有2434亿元。最新报告显示，2022年第一季度中国智能手机市场仅出货7560万部，同比下滑18%，环比下滑13%。按照手机行业的整体趋势，华为手机业务有可能还要继续下滑。

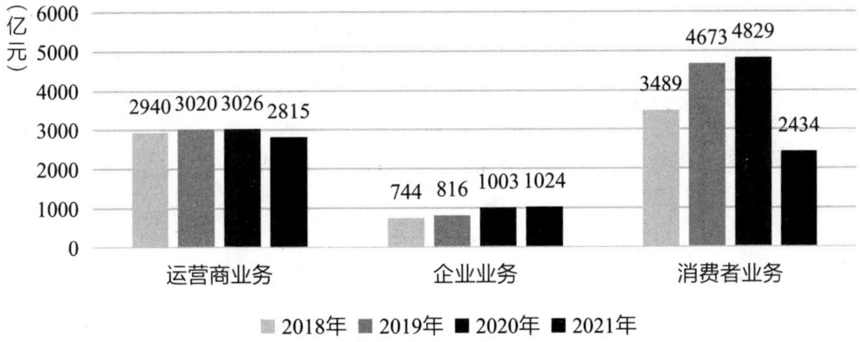

图2-2　2018—2021年华为三大业务营收

运营商业务一直算华为比较稳定的业务板块，2021年超过消费者业务成为三大业务中占比最大的板块，达到了总营收的44.2%。虽然相较于2020年同比减少了7%左右，但是根据中国移动2021年年报（中国移动5G相关资本开支达1140亿元，预计2022年5G相关资本开支约1100亿元）可以推断，在运营商业务这一块，即使上下波动10%，对华为来说也是相对稳定的。

“三驾马车”中，2021年度唯一保持增长态势的是企业业务，究其原因：一方面，企业业务在华为内部收入大盘中占比还较低，在消费者业务大打折扣的情况下，2021年企业业务占比16%，还有足够的空间和潜力为集团扩大收入规模；另一方面，与外部的明星独角兽企业相比，华为企业业务还比较弱势，有待加速业务转型，从“通路型”向“能力型”转变。

华为的收入基本盘是保证年收入6000亿元，分别是运营商业务2800亿～3000亿元、终端业务2000亿～2400亿元，企业业务1000亿元以上。就目前来看，三大BG业务中最有增产希望的是企业业务。

2.3.2　条线切割，做深行业

在疫情影响和经济承压的“逆周期”背景下，一方面，全球数字化转型正在步入“深水区”；另一方面，受芯片供应制约，C 端业务受损，华为亟须调整业务结构。在此双重因素影响下，B 端业务成为华为的战略要点。2022 年华为企业 BG 承担了两大任务：

（1）扩大收入规模，寻求更大的挪腾空间。

（2）加速业务转型，为行业客户提供更深入的服务。

随着中国数字经济以及新型基础设施建设等相关政策的推进，“十四五”乃至未来更长时期内，我国各行各业对于数字化转型发展的需求将不断上升，我国整体 IT（信息技术）支出也将呈现持续增长态势。

国际调研公司 Gartner 数据统计显示，我国 2021 年 IT 支出超过 5000 亿美元，但是占 GDP 比重仅为 2.83%，支出规模上仍存在较大的提升空间。

IT 支出主要分为数据中心、企业软件、硬件设备、IT 服务和通信服务五大类。从我国 2021 年 IT 支出明细（见表 2-4）来看，硬件设备支出和通信服务支出占 IT 支出的比重最高，但增速较其他支出项明显放缓；企业软件、IT 服务等支出，尽管所占比重不高，但增长速度较快。

表 2-4　我国 2021 年 IT 支出明细

类　别	2021 年支出（亿美元）	支出占比	同比增速
数据中心	430	8.84%	6.35%
企业软件	226	4.42%	20.50%
硬件设备	1615	30.83%	9.33%
IT 服务	739	14.72%	17.65%
通信服务	2068	41.19%	3.24%
合计	5078	100%	8.04%

从整体上来看，硬件设备的增长放缓，IT 服务和企业软件增长变快，不失为一种市场信号。IT 支出结构的调整，意味着大环境下数字化需求正在发生变化：需求方的数字化需求已经开始从购买服务器、存储、网络等标准化硬件设备转变为消费更多的企业软件、IT 服务以及产品与解决方案，而供给方则从依靠销售网络覆盖市场需求转变为提供配套的咨询、研发和服务来满足市场需求。

IDC（互联网数据中心）数据显示，2021 年制造业 IT 相关支出达到 7897.9 亿美元，中国市场为 1156.5 亿美元，占全球比重的 14.6%。对比我国制造业增加值占全球比重近 30% 而言，仍有较大的差距。在一系列制造强国的政策支持下，云与数字化开始在制造业渗透，但是 2021 年中国制造业云市场支出，仅占制造业 IT 支出的 11.3%，远低于同期美国的 26.3%。

另外，中国电子技术标准化研究院发布的《中小企业数字化转型分析报告（2021）》数据显示，数字化转型水平较高的大型企业仅为 30%，数字化达到深度应用阶段的中小企业仅占 9%。

由此可见，尽管 IT 在制造业关键业务环节得到了较为广泛的应用，但是中国制造业在 IT 相关支出上仍需扩容促优，加快推进制造业数字化转型。

华为是我国通信设施品牌的佼佼者，面对市场需求由“硬”向“软”的转变以及制造业领域开阔的市场空间，其 B 端业务一方面可以在制造业领域横向开辟更多的行业合作者，拓宽市场，寻求新的利润空间；另一方面可以纵向挖掘各子行业乃至企业的痛点，为其定制产品及解决方案。例如，起源于行业业务部的“军团”，就是华为面向行业所做的变化和改革。

2.3.3 重新构建企业网

按照华为的说法，华为企业 BG 的定位是“数字社会和智能社会发展进程的推动者、行业数字化转型的使能者和最佳合作伙伴”，专为行业客户提供解决方案。一直以来，华为将解决方案分为两类：

（1）水平解决方案，包括广域网络、光网络、存储、数据通信、数据中心等技术产品和服务，属技术维度。

（2）垂直解决方案，深耕智慧城市、金融、交通、能源、制造、教育、医疗、互联网服务等行业领域，属行业维度。

华为以服务运营商起家，在水平解决方案上，凭借自身的技术优势，已经在这一层面做得相当出色。而在垂直解决方案上，虽然华为在企业 BG 下成立了诸多行业业务部，所覆盖的行业广泛，但是由于对行业认识的壁垒以及三大 BG 各自为政，无法有效结合自身的技术产品输出精准匹配客户痛点的解决方案。

如今，在外部威胁和市场机会的双重影响下，华为企业 BG 成为新的增长希望。如何将 ICT 与产品深入落实到客户的具体场景中，实现技术方案场景化，彻底打通垂直解决方案，成为华为的突破要点。因此，华为决定重新构建企业网，组建行业军团。

2022 年华为分析师大会上，华为轮值董事长胡厚崑说：“军团制是一种集成性组织，一个团队只针对一个行业，把行业理解透，吃透，在这个基础上缩短内部流程，形成针对性的解决方案。”成立行业军团，是为了进一步聚焦行业，深入场景，理解客户需求，寻找适配行业的 ICT，有效整合资源和产品，更好地响应客户需求，提供更为高效、更具针对性的场景化解决方案。

华为在市场侧有两大体系，分别是商业体系和销售体系。在成立军团

组织以后，商业体系由原来的“BG-BU”变为“BG-BU-军团”，是主要面向行业客户提供解决方案营销、销售和服务的管理和支撑组织；销售体系则是地区部，负责区域的各项资源、能力的建设和有效利用，以及公司战略在所辖区域的落地。

为进一步提高效率、响应客户需求，华为不断优化区域组织，给一线组织授权，将指挥权、现场决策权逐渐前移至代表处。代表处成为经营与利润中心，而军团则是关键时期代表处赋能的组织。

（1）代表处为作战中心：通过提供销售和服务来创造利润。专门的队伍负责拉近产品和客户的距离，深挖区域范围内政府、协会、高校等相关重点客户的场景需求；军团负责解决方案的设计、售前支持，以及商务过程的整体技术营销。

（2）地区部为能力中心：负责区域性战略的制定、组织和实施。总部平台能力进一步下移，加强地区部平台能力建设和三大 BG 在地区部的统一管理，实现平台对一线作战的快速响应和前后方的高效协同。

（3）总部企业 BG 机关为资源中心：采用市场机制运作与考核，高效支持作战。另外，由于各项业务和平台能力的转移，精简下来的平台模块将进行职责和流程变革，逐步将更多的作战权力授权给作战组织，支撑与服务下沉到代表处。

基于地区部在当地的客户关系，一张天然的地面销售网络被铺开，再加上企业 BG 整体的战略客户开发及平台品牌支援，各个军团组织就可以在编织好的市场网络中，不断生根发芽，频出订单。

2.4　华为的主动出击

随着美国的持续打压，华为唯有主动出击，化整为零，转阵地战为游击战，进入各行各业，形成释放压力的出口。

2.4.1　军团作战，主动出击

2019 年，华为总裁办转发了一篇名为《Google 的秘密军团》的文章。这篇文章以通俗易懂的方式解读了谷歌的军团运作模式，在华为内部引发了热议。

为什么有着 3 万多名员工的微软，在创新上却不如不到 2000 人的谷歌？按照《纽约时报》在 2004 年的说法，谷歌有一个神秘的军团——一个由博士组成的神秘军团。谷歌秉承着“瑞士制造”的思想，坚持“杀鸡一定要用牛刀”，认为一个本科生就能胜任的工作，如果让一个硕士来做，一定会比其他同类公司做得更好。因此，它将工科博士、科学家、营销专家等汇聚在一个部门，使研发成为一体，实现业务颗粒化。华为就是从谷歌的这种特殊组织形式——军团组织里，看到了新的突破路径。

【案例】消费者 BG“军团作战模式”

2019 年 4 月，任正非签发了《关于消费者 BG“军团作战模式”变革试点管理相关文件发布的通知》《消费者 BG 组织治理与监管关系高阶方案（试行）》两个重要文件，授权消费者 BG“军团作战”、自主改革。改革后的华为消费者 BG 组织架构分为三层（见图 2-3）。

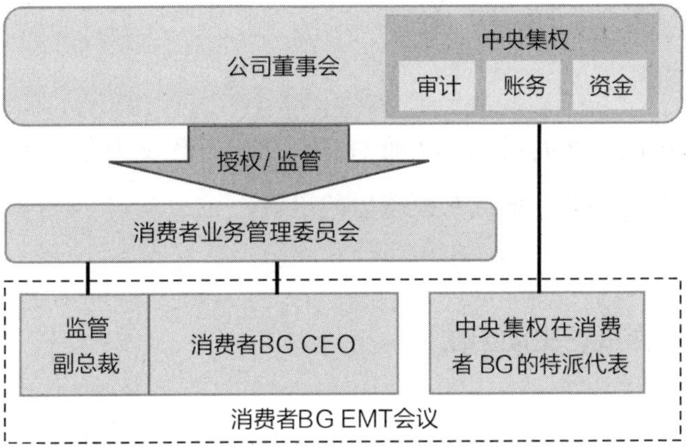

图 2-3　华为消费者 BG“军团作战”组织架构图

第一层是公司董事会：集团保留的权力包括消费者 BG 边界确定、长期发展战略审批、公司整体品牌管理、财务政策规则制定、高层关键干部与梯队建设，以及审计、账务、资金三项中央集权管理。

第二层是权力中心：消费者业务管理委员会在公司董事会的授权与监管下，全权全责承担消费者业务经营、内外合规、持续发展责任，行使业务战略与经营管理决策权、关键干部监管权。

第三层是经营中心：消费者 BG EMT（经营管理团队）会议在消费者业务管理委员会授权下，负责消费者 BG 日常经营与合规管理，对经营与合规结果、消费者市场的产品品牌及用户体验提升负责。

这一次军团作战，目的在于减少公司高层对消费者 BG 具体业务的干预，让它在一定范围内拥有自主决策权，能够积极推进工作，最终取得全球智能手机销售量第一的佳绩。

2021 年，华为以企业 BG 为主，对三大 BG 进行第二次军团组织模式的改建。任正非表示：“我们采取军团化的改革，就是要缩短客户需求和解决方案、产品开发和维护之间的联结时间，打通快速简捷的传递过程，减少传递中的物耗和损耗。”按照任正非对军团组织的定义，军团组织应当能够“打破现有组织边界，快速集结资源，穿插作战，提升效率，做深做

透一个领域，对商业成功负责，为公司多产粮食。”

华为以前的企业 BG 涵盖了好几个行业业务部，每个行业业务部又横跨了多个子行业，业务范围相对较大。当这些子行业越来越多、分类越来越复杂的时候，行业业务部就很难聚焦到某一个子行业，围绕客户的需求痛点，利用已有的产品和解决方案，打造新的产品和解决方案进行精准匹配。

2021 年，华为对企业 BG 进行军团化组织变革。华为轮值董事长胡厚崑曾在 2022 年分析师大会上解释成立军团的原因：华为在帮助客户数字化转型的实践中，发现客户的问题与华为的技术不能很好地匹配。

这具体表现在两个方面：

（1）现有的技术满足不了客户的需要。

（2）客户想用的技术无法有效组合形成解决方案。

华为要做的军团化改革，正是要把这种以往的部门建制打散，围绕具体的业务场景，以军团的形式重新构建组织。简单来讲，就是把原来企业 BG、运营商 BG、云 BU 等核心部门的科学家、技术专家、产品专家、工程专家、销售专家、交付与服务专家等“将才”，整合在以单个细分场景为单位的独立部门中，对诸如煤矿、光伏、公路、能源、海关等领域进行技术专攻，做深做透，为客户提供更为全面和专业的解决方案。

为此，华为成立了两类军团：一类是行业军团，囊括研发、营销、服务体系，直接穿插到对应代表处共同作战，面向一线客户；另一类是产业军团，也叫产品组合军团，偏向打造产品方案。这些方案既可以直接面对客户交付，也可以集成到各军团的行业解决方案里。

自 2021 年成立首批军团开始，华为就吸引了外界众多目光。“军团”这种新型组织形式被外界认为是当前外患之下华为开展的一次自救性质的组织变革。随后，陆续有大型运营商开始加入军团组织变革队列。

2.4.2 有选择地进入各行各业

当前，在以 5G 为代表的人工智能、大数据、云计算等各种新兴技术的驱动下，全球范围内各行各业正处在数字化转型与产业升级的浪潮中。为抓住这一数字化经济趋势，截至 2022 年 5 月底，华为已经相继成立了三批共 20 个军团，覆盖了煤炭、公路、光伏、海关和港口、显示、健康、金融及人工智能等多个行业。

华为军团的成立既非一蹴而就，也非从零起步。之所以能够在短短一年不到的时间组建三批军团，是因为华为早在多年以前就开始在多个行业进行数字化和智能化布局。此次军团的组建，是华为在现有业务上发现了新的战略机会，是在自身能力范围内进行的组织优化与创新。

已成立的这 20 个军团，其各自涉及的业务并不陌生，都是从已有的业务中抽离出来的。这些业务原来散布在各个产品线或业务部门之中，比如智能光伏、数据中心能源等，多数是企业业务，少数是运营商业务和终端业务。

在经过清晰聚焦的战略分析和严谨的战略评审之后，华为并非盲目地，而是有选择地进入各行各业。对于众多行业领域，究竟哪些可以组建军团？哪些还为时尚早？华为企业 BG 副总裁陈帮华曾指出，华为选择军团主要考量三个因素：

（1）足够大的行业空间。

任何一个商业组织，都追求着自己的商业目标。对于华为而言，成立军团的这个行业要有足够大的需求空间。换句话说，就是这个行业里的绝大多数客户都有数字化转型的需求。

（2）符合华为产投方向。

华为产业的核心是连接、计算和云服务，所以它选择成立军团的行业必定是与自身的产业相关联的。如果某一行业转型所需要的产品和解决方

案与华为深耕的产业不符合，那么它不会成为被选择的对象。

（3）数字化转型需求迫切。

数字化转型的浪潮对不同行业的影响是不同的，有的行业转型需求迫切，有的行业则节奏缓慢。华为更期望选择那些转型需求迫切，且相对比较活跃的行业。

“军团是公司未来最重要的业务变化方向。”陈帮华表示。过去几年，华为的企业 BG 一直保持着相对较快的增长速度，但是近年主要集中于海外，国内的增长速度明显放缓。如今华为进行组织变革，在诸多子行业中成立军团，深入聚焦具体的细分行业，意图挖掘更多服务客户的机会。它将原来通用性比较强的产品和解决方案，转变为更加具有针对性的产品和解决方案，进一步解决客户的问题，以期带动公司的收入增长。

虽然军团成立的时间不长，但是华为已经开始取得成效。当然，这条军团之路任重道远，其中牵扯各种战略制定、组织设计、人员安排、奖励机制、合作伙伴、政策环境等问题，不是我们能够简单一言以蔽之的。

第3章
构建军团组织

微软公司CEO萨提亚·纳德拉说：“每一个人、每一个组织乃至每一个社会，在到达某一个点时，都应点击刷新——重新注入活力、重新激发生命力、重新组织并重新思考自己存在的意义。”华为通过构建军团组织，打破现有组织边界，整合内部尖端力量，以达到效率最大化，为公司“多打粮食”。

3.1 华为军团的定位

军团是面向战略扩张、面向战役攻关、面向代表处和伙伴赋能的组织。华为军团聚焦特定行业，横向、纵向拉通内部资源，致力于为客户提供产品解决方案和产品集成服务，并赋能给代表处和伙伴。

3.1.1 战略扩张，战役攻关

军团的组建通常有一定的原则，要有战略空间和社会价值，还要和公司的产业方向相匹配。当前国际局势风云变幻，华为承受着越来越严苛的打压态势，为了稳住阵脚，必须积极地调整队形，采取灵活机动的战略战术，通过为客户创造价值，使公司有质量地活下来。

在战略层面，军团组织的建立是为了“活下去”，通过战略项目穿插作战，“多打粮食”，创造社会价值，以实现战略突围；在战术层面，军团组织是为了“更好地服务客户”，聚焦客户需求、特定业务场景而建立的。

公司战略的首要目标是要以高于行业平均的增长速度实现持续增长。华为于每年春季做战略（SP），秋季做年度经营计划（BP），当公司实际经营结果与战略目标出现较大差距时，可以根据业务领先模型（BLM）（见图3-1）进行市场洞察、创新焦点、战略意图以及业务设计，解码出战略举措。

成立军团组织是华为在关键时期的战略举措之一。从2019年5月开始，华为受美国持续极限施压的影响，其经营业绩受到了巨大的冲击。2021年10月29日，华为发布2021年前三季度业绩，实现销售收入4558亿元，比2020年同期下滑32%。在业绩发布的同日，华为宣布组建五大军团。华为的技术种类很多、产品线很长，希望通过军团组织的形式，缩短内部管理链条，快速响应客户数字化转型需求。

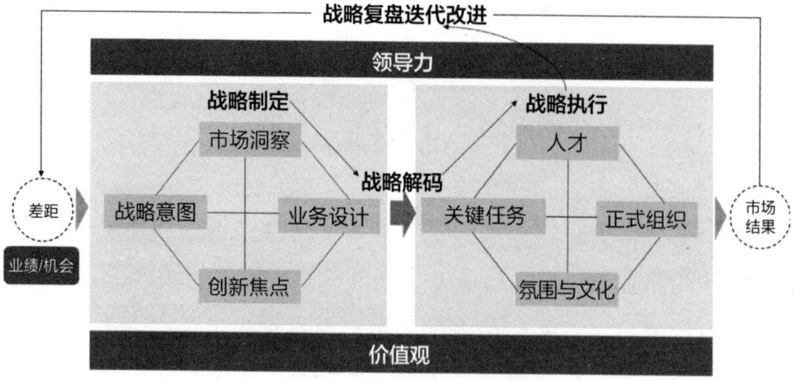

图 3-1 业务领先模型

【案例】新 ICT 帮助传统行业快速实现数字化转型

任正非在接受媒体采访时指出，华为以前的通信网络主要是连接千家万户，为全球几十亿人提供连接。但是到了 5G 时代，5G 的特点是更快、更宽、实时性更好，主要的连接对象是企业，比如机场、码头、煤矿、钢铁、汽车制造、飞机制造等，为产业互联网服务。

为了真正掌握 5G 时代的脉搏，抢夺“5G + 人工智能”的战略高地，华为调集各路专家，成立了各大军团。

早期，华为在拓展煤炭行业市场时，发现客户有很多需求，华为也拥有很多技术，但最大的问题是无法将这些技术与煤炭行业客户的需求相匹配，因此不能解决客户的实际问题，为客户创造价值。面对挑战，华为迅速调整了面向客户的组织，成立煤矿军团，通过 ICT 逐步解决煤炭行业面对的一些问题。2021 年 9 月，煤矿军团已经与客户一起完成了基于鸿蒙开发的煤矿操作系统——矿鸿，解决了在煤矿作业环境下的设备联通问题，距离实现无人化、智能化，让“挖煤卖煤不见煤”的梦想更近了一步。

华为军团作为一个新成立的组织，承接了公司的战略任务。为了让组织充满活力，华为还须为其配套人力资源政策，设计好“粮食包”，加强薪酬包和奖金包的激励，给“火车头”加满油，让军团从初生到胜利的路

上没有逃兵——没有退路就是胜利之路。

3.1.2 向代表处和伙伴赋能

军团组织通过培养代表处的作战能力，在基础理论和基础技术上能实现共享。华为企业 BG 战略与业务发展部部长成钢说："华为的军团变革，不是一个仅仅针对子行业的单点的变革，而是在华为公司一个大的体系化变革基础上面向行业做的变化。大的变化就是华为强调更多地面向代表处层面进行授权。"

也就是说，华为的各种资源更多地集中在代表处层面，很多的决策权也授予代表处。代表处是从收入到盈利再到战略目标落地的组织，而军团则作为"野战军"，穿插面向代表处作战。军团规模小却具备"营、销、服"完整能力，对内部资源进行横向和纵向的拉通，并通过向代表处赋能，支持代表处作战。

由于市场的特性，军团也改变了华为和伙伴的关系。华为和伙伴在细分场景的融合将会变得更为紧密。华为军团组织已经进入煤炭、公路、海关和港口、光伏、电力、机场、健康、显示等行业，华为轮值董事长胡厚崑表示，"华为的军团希望聚焦一些特定的行业，和这些行业的头部企业建立合作关系，重点做好对客户需求的理解，致力于为客户提供产品解决方案和产品集成服务，最终赋能伙伴，让伙伴挑大梁"。

华为组建军团，并不是要做大集成、包打天下，承包完整的行业场景解决方案，而是聚焦平台化，利用自身的平台优势，做一些行业化、专业化、有针对性的接口服务，数字化赋能煤炭、电力、公路、海关和港口等子行业与伙伴，支持并方便伙伴基于自身行业知识与经验做集成、挑大梁，协助伙伴打造行业场景解决方案。

华为表示，如果煤矿平台、公路平台、海关和港口平台、电力平台等有差异化的需求，需要有一些特殊开发以增强竞争力，军团可以通过自行

研究与开发来提供服务。并且，在云的选择上，华为并不强制要求军团基于华为云进行平台开发与建设，它们也可以选择其他云，完全“以客户为中心”，依据客户的要求来实现服务；但如果军团选择了华为云，则华为云会基于商业合作来组织突击队帮助军团，从而加快军团服务的发展速度。

【案例】华为赋能伙伴发展商业市场

2022 年 6 月 15 日，华为伙伴暨开发者大会在线召开。截至 2021 年底，华为合作伙伴数量超过 30 000 家，其中多家上市公司参加此次大会。在大会上，胡厚崑表示，华为希望通过与伙伴共同发展商业市场，让遍布在区县乡镇的广大中小企业，能够便捷地获得他们所需要的数字化产品和服务。为此，华为成立了聚焦商业与分销市场的业务组织，扎根地市，支持好伙伴，服务好客户。

为做好商业市场，华为从“研发、营销、销售、服务”四个层面给伙伴赋能（见表 3-1）。

表 3-1 华为赋能伙伴的方式

层 面	方 式
研发层面	打造“适销”产品和“小而美”方案，简单易用、高效快速地满足客户需求
营销层面	将华为的营销能力全面开放，赋能伙伴、发动伙伴、支持伙伴
销售层面	构建伙伴全流程自主交易平台，让商业市场的生意“更好做、做更好”
服务层面	构建数字化协同服务体系，提升伙伴服务能力

华为在各方面都强调伙伴的重要性，不论是成立各类军团，还是拓展商业市场。华为通过支持赋能好伙伴，发展更多更强的专业能力，实现能力协同增长。

3.1.3 构建“核武级”战略作战能力

在战争题材的书籍或影视作品中，往往可以看到在大部队按计划行军的同时，会有一支由精兵组成的先遣部队在前面探路。这支队伍中的人，个个都具备优秀的谋略和强大的战斗力，能够在遇到危险时灵活应对。商场如战场，企业在做好常规管理和业务运营的同时，也要组建作战能力极强的精兵队伍，带领企业在困境中出奇制胜，突出重围，始终保持领先地位。

【案例】华为构建战略作战能力的三个阶段

2009年，华为开始组织架构和人力资源机制的改革，确定了“以代表处、系统部‘铁三角’为基础的轻装及能力综合化的海军陆战式”作战队形，进行了从上到下、从一线到后方权力的重新分配。一线人员真正拥有了“将在外，君令有所不受”的主动决策权，后台与总部则为前线作战提供资源支持。

2015年，任正非在华为内部会议上提出，未来5至10年，公司将从中央集权式管理逐步迈向“让听得见炮声的人呼唤炮火”，让前方组织有责、有权。当前正在进行的“从以功能部门为中心，转向以项目为中心”的管理变革，就是对这种模式的探索。华为要在10年内实现大体系支撑下的“精兵战略”，逐步实行资源管理权与作战指挥权的适当分离。指挥权要不断前移，让优秀“将领”不断走向前线，灵活机动地决策。华为在建设流程化组织过程中，逐步形成了以客户为中心的、“弹头＋战区支援＋战略资源”的三层军团作战组织模式。

2021年，华为开始成立各大军团，其意义在于将各部门精兵强将汇集到一个组织，打破边界、拉通资源，形成纵向垂直能力，对重点行业进行突破，针对单一场景进行技术攻坚，从而做深做透，实现业务的高速增长。

华为目前成立的军团，都瞄准了新的蓝海，希望“引领标准，打造‘甩

对手几条街'的武器"。军团组织通过划小单位、分兵出击，能够灵活协调各路资源，快速形成新的增长点。华为军团组织跟原来的"精兵战略"不能完全等同，但在核心要素上，如"一切为了前线、一切为了业务服务、一切为了胜利""一线呼唤炮火""精兵强将"等方面都是一致的。

华为军团组织协同各部门打造"武器"，构建行业、产品组合和产业解决方案能力，用一个军团瞄准一个领域进行饱和攻击，缩短商业成功时间，力求做到世界第一；同时深入客户生产系统寻找战机，扩大作战空间，构建"核武级"战略作战能力。

3.2　华为军团组织设计

军团组织作为一支功能齐全的集合部队，一方面打破了公司现有的部门化组织架构，可以独立作战；另一方面强化了业务边界，以行业作为作战单元，力求做深做透，打开解决方案的市场空间。

3.2.1　公司化运作

"以客户为中心，为客户创造价值"是华为公司的共同价值，权力是为了实现共同价值的推进剂和润滑剂。华为军团组织集合了各部门的精锐力量，肩负着攻占"战略山头"的使命，为了让军团更好更快速地集结各类资源，任正非赋予了军团较大的独立权，与运营商 BG、企业 BG、消费者 BG 同属于集团一级部门。军团的负责人通常级别很高，比如汪涛、丁耘等都是华为常务董事级别。

军团可以销售公司的所有产品，也可以调配公司的所有研发资源，包括 2012 实验室偏基础的研发，以及产品线偏商业的研发。从某种意义上

来说，华为军团可以被看作内部创业公司，由任正非亲自制定并督导。但是归根结底，它还是在董事长授权下运作的，是基于集团这个大平台的统筹运作，由集团上层来统领和管控的。

【案例】苹果的职能式组织架构

职能式组织架构作为一种相当传统的组织形式，其特点在于强调专业化和分工。职能式组织架构按职能来组织部门分工，只有公司的“一把手”，即（唯一的）总经理或CEO，对整个组织的绩效负责，承担全面的盈亏责任。

一般而言，当一个组织越来越大、业务越来越复杂时，多数企业会选择采取集生产、销售为一体，自负盈亏的事业部制，或者是将两者结合的矩阵型组织模式。

苹果作为全球最成功的巨型企业之一，其规模庞大、业务复杂，却还保留着传统的职能式组织架构，可以说十分特殊。

1997年，史蒂夫·乔布斯重返苹果时，将原来自负盈亏的各个业务部门重组，置于一个损益表（利润表）下，由CEO控制产品开发到销售的整个过程，并根据损益表进行发展判断。

与普通的职能结构不同的是，苹果信奉“那些在某个领域拥有最多专业知识和经验的人应该拥有该领域的决策权”。苹果这种将专业知识与决策权结合起来，以职能专长为中心的组织结构，对领导人的要求非常高。他们需要有深厚的专业知识、对细节的专注以及合作性的辩论，以综合平衡各职能部门，实现对企业整体的统筹规划。

华为的军团模式严格来说，还是延续华为一贯的矩阵型组织模式，并非苹果式的职能结构，但是其在原理上具有相似性：职能制实行的条件是“企业必须有较高的综合平衡能力，各职能部门按企业综合平衡的结果，为同一个目标进行专业管理”。任正非对军团的亲自制定、授权并执行与

督导，这种自集团顶层向一线的授权和赋能，刚好体现了以任正非为主导的集团大平台对各军团组织的把控、管理与平衡，以及对华为整体的综合统筹能力。

华为对军团的成立有着严格的要求。它首先要具备一定的营收规模或是铺垫，然后要经过战略研究院对业务前景、战略一致性等进行分析研究，最后由高层审议决策后才能成立。因此，军团组建要有清晰的、聚焦的战略方向和严格的战略评审过程，坚持“有所为，有所不为”。如果看到一个机会就成立军团，可能会带来严重的后果。

【案例】GE 公司解体，帝国不复存在

GE（通用电气）曾经是世界上规模最大、实力最强的公司之一。巅峰时期的 GE 是美国市值最高的公司，在 2000 年 8 月时，其价值接近 6000 亿美元，拥有雇员 33 万人，在美国本土运营 150 家工厂，同时还在 34 个国家运营 176 家工厂。

而在 2021 年 11 月 9 日，GE 对外宣布，公司将“一分为三”，重组为三个完全独立的上市公司，分别专注于航空、医疗和能源领域。GE 医疗业务将在 2023 年初分拆出去；GE 可再生能源、GE 发电和 GE 数字业务将合并成一个单独的部门，然后在 2024 年初分拆出去；公司将只剩下 GE 航空，即飞机发动机制造业务。一家拥有 129 年历史、塑造了美国乃至全球现代工业史的伟大公司即将崩塌。

我们通过各大媒体报道和文章的分析可知，GE 崩塌的主要原因之一，就是在多元化的道路上走得太远了，盲目的多元扩张，导致没有人能够在低景气周期驾驭 GE 这个复杂巨大的系统。

《一个时代结束了：通用电气解体，帝国不复存在》一文的作者程兆谦先生这样写道：“在交易的热情上，没有人比伊梅尔特更高，他甚至比韦尔奇还要热衷于并购。据统计，伊梅尔特在任职期间进行了 380 起收购，花费 1750 亿美元，与此同时出售了 370 项资产，价值 4000 亿美元。”

由此可见，近乎疯狂的多元扩张、兼并收购，是让 GE 身陷困境的重要原因。针对华为成立各大军团，任正非坚定地表示，华为永远不会多元化发展。华为提供的是一个平台，上面可以生长各种各样的“庄稼”。华为给煤炭行业提供的平台，与给电信、交通行业提供的平台是一样的，没有多大变化。只是现在煤炭行业不太会用这个平台，华为就多参与一些，让它们会用这个平台。华为只是把平台做大一点，没有多元化。

从目前华为成立的军团可以看出，军团是基于现有业务，发现了新的战略机会点或 5G 落地应用的新场景而设立的，如智能光伏、数据能源中心等。华为军团聚焦在公司的主航道上，以 5G、云计算、人工智能等核心技术为支撑，瞄准一个领域进行饱和攻击，缩短商业成功时间，并迅速做到行业领先。

跟所有创业公司一样，军团管理层在拥有独立权的同时也必须承担很大的压力。各大军团既要解决自身所处领域的特定问题，也要在内部与其他军团进行对比，竞争非常残酷。

3.2.2 以行业为作战单元

军团起源于华为企业 BG 的行业业务部，企业 BG 过去包含十几个行业业务部，如交通业务部包括航空、公路、铁路等子行业，能源业务部包括电力、油气等子行业。军团是以这些子行业为单位，为解决子行业的特定问题而成立的。

在华为 2022 年的分析师大会上，胡厚崑表示，华为是有限公司，不是“无限”的，因此华为要解决企业数字化转型中最难的问题，就要采用军团模式，聚焦行业进行单点突破。

华为军团聚焦的行业主要有以下三个方向：

（1）信息基础设施领域。比如，新成立的园区军团、数据中心底座军

团等，都是布局全国一体化大数据中心体系。

（2）具有数字化转型迫切需求和巨大潜力的行业。比如，煤矿军团、智慧公路军团、海关和港口军团、机场与轨道军团，以及电力数字化军团等，都是聚焦看得到、摸得着的切入点。其中，煤矿军团主要聚焦矿井这一场景，打造煤矿专用5G网络、无人操作系统等；机场与轨道军团主要聚焦“出行一张脸”和“运行一张图”两大场景化解决方案。

（3）有望快速突破的“卡脖子”领域。比如，显示新核军团的主要产品是海思高清电视芯片。2021年12月，海思上线了全自研高清电视芯片Hi373V110。据称，这是海思首款商用级别的RISC-V架构CPU（中央处理器）。

华为军团聚焦行业的选择紧跟国家“新基建”的步伐，紧抓“双碳”热点。同时，它也会衡量行业空间是否足够大，是否能够实现商业目标。那么聚焦细分行业之后，军团是如何作战的呢？

【案例】华为电力数字化军团为菏泽电网提供分布式能源管控解决方案

以电力、电网行业为例。许多电力、电网公司都面临能源、零碳、数字化转型的系统性问题。过去，华为的能源业务部包含电力、油气等行业，针对电力行业主要是销售光网络、数据通信等硬件产品。但在电力行业数字化转型背景下，华为成立了电力数字化军团。

电力数字化军团正在为电力子行业的新需求推出更细化的服务和产品。电力数字化军团已为多家客户提供服务：为菏泽电网实现分布式光伏安全可靠并网和调控系统全网感知；为国家电网、南方电网解决数字化资产管理、运维及现场作业等问题。

在菏泽电网落地项目中，华为电力数字化军团为其提供了分布式能源管控的解决方案：通过华为技术，消纳能力提升67%，实现分布式电源可观、可测、可调、可控；通过负荷预测智能调节，源、荷、侧实时预测，

秒级调节，有效避免了分布式光伏对电网台区过载的风险；开局时间缩短，效率提升近10倍；成本相比光纤专线建设下降超80%。

任正非说："雨不打花花不红。我们不能只天上有云，但不下雨，或者下雨，不落在花上，客户感知不到。"因此，华为军团以行业为作战单元，针对一个行业成立一个军团，把一个行业吃透，快速形成行业解决方案，用一支队伍服务好一个行业。

3.2.3 从项目"铁三角"到军团组织

早在2014年，任正非就提出未来组织的奋斗目标在于"简化组织管理，让组织更轻更灵活"，并提出"班长的战争"这一改革方向。

什么是"班长的战争"？

"班长的战争"就是从原来的中央集权变成小单位作战，即部队在前方发现战略机会，再迅速向后方请求强大的火力支援。

任正非希望通过"授权"让前线有战争的指挥权，但不希望所有资源都囤积在前线，前线只要能够有效调动资源即可。就像"班长的战争"——班长能指挥战争，但班长本身并没有多少直属的士兵，即授权用兵但不大量屯兵。

以前，由于企业资源不够，华为只有实行中央集权，将所有资源聚集在一起，集中火力向前冲锋，才能打胜仗。现在，华为各种资源（品牌资源、资金资源、客户资源等）都充足了，有必要及时放权，减少组织层次，缩小作战单元，让"听得见炮声的人呼唤炮火"，提升一线的综合作战能力；总部变成资源配置和支援的平台，负责提供强大的火力支援，实施精准打击。

打赢“班长的战争”，高度依赖于前线的最小作战单元。为此，华为构建了以客户经理、解决方案专家、交付专家为核心的“铁三角”组织，其组织形态和军队中的特种兵作战小组有着相似的结构设计。

【案例】华为项目“铁三角”组织

华为“铁三角”组织由客户经理、解决方案专家、交付专家三个角色组成（见图 3-2）。他们直接面向客户，有着同一个目标，只是侧重点不一样。其中，客户经理是项目运作、整体规划、客户平台建设、整体客户满意度、经营指标的达成、市场竞争的第一责任人；解决方案专家负责项目的整体产品品牌和解决方案，从解决方案角度来帮助客户实现商业成功，对客户群解决方案的业务目标负责；交付专家是项目整体交付与服务的第一责任人。

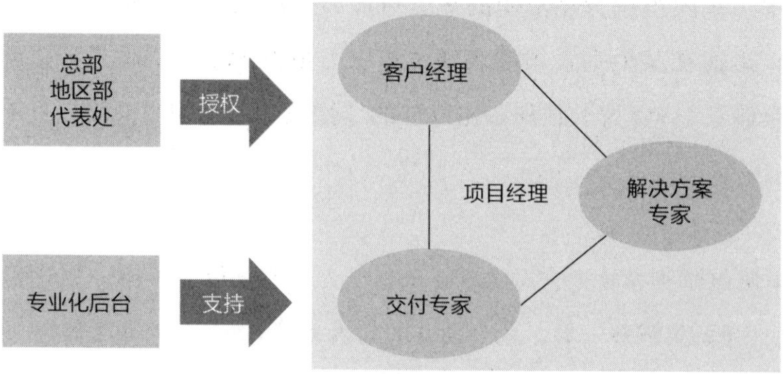

图 3-2　华为“铁三角”组织

“铁三角”组织被赋予“呼唤炮火”的权力，是目标导向、生死与共、聚焦客户需求的作战单元。用任正非的话说就是：“千里之外的炮火支援，胜过千军万马的贴身厮杀。我们公司现在的‘铁三角’，就是通过公司的平台，及时准确、有效地完成了一系列调节，调动了力量。”

在“简化组织管理，让组织更轻更灵活”这一组织目标的引导下，从

某种意义上来说，军团是“铁三角”组织的规模扩大化。

互联网时代最大的特点之一，就是时效性。时间一长，信息、机会就没有价值了，因此，企业一定要讲究速度——捕捉机会要快，响应市场也要快。这样一来，企业就必须放弃大规模作战，精简组织，缩小经营单元，赋予前线“呼唤炮火”的权力。

军团模式最早来自谷歌。当时，拥有3万多名员工的微软公司在产品创新方面却比不上只有2000多名员工的谷歌，主要是因为当时谷歌采用了一支奇兵——博士军团，将研究、开发、市场、用户等各个部门相互打通，战斗力极强。在谷歌军团模式的启发下，华为创建了自己的军团组织。

军团是为胜利而打造的“特战队”，它把各个核心部门的“将才”，整合在一个个以细分场景（海关、公路、能源、光伏等）为单位的独立部门中。军团组织背靠集团的平台资源，以小团队、快速反应的强大战斗力，迅速在某个垂直领域实现“集中力量办大事”的效果，强调“大力出奇迹”，一切为了胜利，比以往的“铁三角”组织更高级，且更具战略性。

军团组织规模较小，通常在百人以下，但都是精兵强将。任正非曾说：“天才少年就像泥鳅一样，能钻活华为的人才队伍。”而军团也有着“钻活”组织的能力，它甚至比“泥鳅”身子更长，通过横向拉通，“钻活”华为庞大的组织。

军团的“钻活”在更大程度上促进了内部组织的横向拉通，对比目前的BG等组织可以横向拉得更长（见图3-3）。比如，军团可以横向拉通到基础研究，而BG不能；军团可以卖各大BG的产品，而某一BG不能卖其他BG的产品。

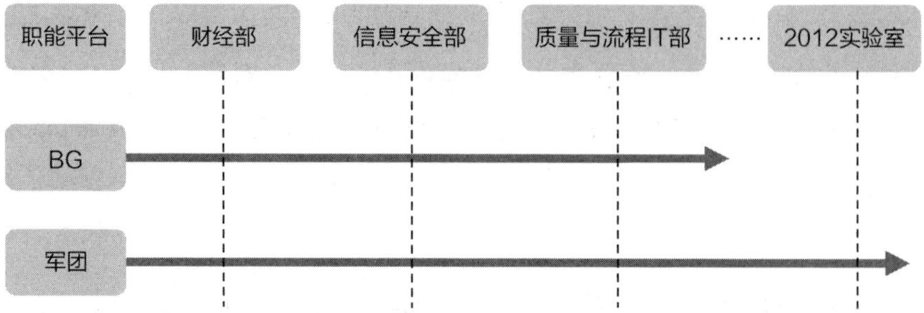

图 3-3　华为军团组织的横向拉通

【知识点】支持军团运作的五个条件

军团通过进一步打破现有组织边界，使组织具备更高的密度和效能。为了支持军团组织的顺利运作，华为需要从战略、流程、组织、人才、市场五个方面落实好工作：

（1）战略上，始终聚焦主航道，敏锐洞察机会点。华为军团的核心使命是用 5G 把选定行业的智能化重新做一遍或者提到一个新的高度。

（2）流程上，敏捷灵活地支撑各类业务的扩展。华为的 To B（面向企业）业务有着非常完善的流程体系，且非常敏捷，军团在进行适当裁剪和精简后就可以使用。

（3）组织上，对新团队进行矩阵式管理并赋能授权。华为军团仍然采用矩阵式管理模式，军团和各平台形成内部甲乙方的关系：军团是甲方，掌握预算；各平台是乙方，抽派成员为军团服务并获取回报。军团拥有很高的独立权，直接向任正非或轮值董事长汇报。

（4）人才上，输出足够的人才并动态调配。华为军团集合了精兵强将，军团长延续了一贯由重量级人士担任的惯例，以便更好地协调各平台资源。

（5）机制上，敏捷地形成差异化的激励举措。华为在绩效管理、薪酬管理、人才发展等方面充分考虑军团发展阶段的差异化。例如，在绩效考核指标设置上：正式军团侧重考核收入类指标，如智能光伏军团 2022 年收入目标为 200 亿元、利润目标为 40 亿元，2023 年收入目标为 300 亿元、

利润目标为 60 亿元；数据中心能源军团 2022 年收入目标为 150 亿元、利润目标为 30 亿元，2023 年收入目标为 225 亿元、利润目标为 45 亿元；预备军团侧重考核早期指标，如里程碑节点、样板点建设、客户开拓、收入等。

华为军团将优秀人才聚集在一起，他们目标清晰明确，拥有很强的战斗力，瞄准特定的目标进行饱和攻击，争取以最短的时间取得最大的成果。

3.3 华为军团组织规模

在数字化转型的机遇面前，军团已成为华为最重要的业务方向。从 2021 年开始，华为先后成立三批军团，数量达到 20 个，涉及智能光伏、智慧公路、电力数字化、数字金融、显示新核等细分领域。

3.3.1 华为五大主攻军团

《孙子兵法》有云："凡战者，以正合，以奇胜。"意思是说大凡作战，总是以正兵作战，而用奇兵取胜。2021 年，面对国际大环境的重重阻碍，华为成立了五大军团。

2021 年 2 月，华为成立煤矿军团，由原华为运营商 BG 总裁邹志磊任董事长；同年 10 月，成立智慧公路军团、海关和港口军团、智能光伏军团和数据中心能源军团。自此，华为五大军团正式成立。

军团的组建可以说是华为在进行一场深刻的组织变革。华为此次的战略选择，采用了"五看三定"模型（见表 3-2），是在深刻的数据分析和深度的市场洞察基础上进行的，反映了任正非作为一位企业家的深谋远略。

表3-2 华为军团组建的“五看三定”模型

五看	看行业	选定煤炭、公路、港口、光伏、数据中心行业
	看竞争	因美国打压导致海外市场萎缩，To C（面向消费者）业务受挫，重点发展 To B 业务
	看客户	稳定运营商业务，同时加强企业业务
	看自己	结合华为全球领先的 5G、人工智能、自动驾驶、云计算等优势领域来匹配市场空间和机会点
	看机会	瞄准效率较低的传统行业，引入顶尖高科技，突破现有行业生产效率瓶颈和管理难题
三定	定目标	消费者业务大幅萎缩，让原消费者团队精兵作战人员成为创造华为新增长点的动力源头
	定策略	瞄准战略机会点后，配备饱和资源，包括预算、人才、权力等
	定组织	调遣精兵组成军团，以便更好地贴近客户、理解客户、洞察客户

从五大军团聚焦的行业来看，都拥有一定的市场规模，市场前景可观，有利于实现公司业务的突破。下面我们以煤炭、港口、数据中心行业为例，展示其市场规模数据。

（1）煤炭行业。随着新基建加速布局，矿山智能化成为发展趋势，智慧煤矿是 5G 的重要应用场景之一。中国煤炭工业协会发布的《2021 年煤炭行业发展年度报告》显示，截至 2021 年底，全国煤矿数量控制在 4500 座以内，年产 120 万吨以上的大型煤矿产量占全国的 85% 左右，但智能化采掘工作面仅建成 800 多个。根据安永咨询公司的测算，平均一座煤矿的改造费用约 2.06 亿元，预计至 2025 年，我国煤矿智能化的市场空间将高达 3100 亿元。可见，华为煤矿军团有着巨大的发展空间。

（2）港口行业。从 2017 年开始，国家重点出台一系列政策推动港口智慧化方面转型升级。《全球港航信息化发展报告（2021 版）》显示，2020 年全球港航信息化市场规模达到 2976.99 亿元，同比增长 20.18%；2021 年为 3505.64 亿元；预计 2022 年有望突破 4000 亿元。

华为的智慧港口方案已落地宁波舟山港、厦门远海港、上海洋山港、

青岛港等大型港口。以华为在宁波舟山港的方案为例。原本1人只能操作1台轮胎吊，引入华为5G后，1人可以操作4～6台。

（3）数据中心行业。中国信息通信研究院发布的《数据中心白皮书（2022年）》显示，2021年全球数据中心市场规模超过679亿美元，较2020年增长9.8%，预计2022年市场收入将达到746亿美元。2021年，我国数据中心行业市场规模达到1500亿元。

在华为发展的关键时期，五大军团将担负起冲锋突围的重任。在五大军团成立大会上，任正非说："我认为和平是打出来的，我们要用艰苦奋斗、英勇牺牲，打出一个未来30年的和平环境，让任何人都不敢再欺负我们。"

3.3.2 华为持续打造预备军团

继五大军团成立之后，华为又陆续成立各大预备军团。相较于五大军团，预备军团成立之后，华为会先评估该军团在第二年是否能够盈利。如果在模拟期间已经有盈利模式，且能看到下一期的盈利模式的预备军团，则可以公开化地进入独立核算，升级成军团运作。

2021年底，任正非签发总裁文件，宣告成立军团预备工作组，并任命了10位预备军团长。2022年3月30日，华为举行了第二批10个军团成立大会。2022年5月26日，华为在深圳坂田总部基地举行了第三批5个军团组建暨誓师大会。至此，华为已成立共20个军团（见表3-3）。

表3-3 华为20个军团的建立情况

成立时间	军团数量	军团名称
2021年2月	1个	煤矿军团
2021年10月	4个	智慧公路军团 海关和港口军团 智能光伏军团 数据中心能源军团

续表

成立时间	军团数量	军团名称
2022 年 3 月	10 个	互动媒体军团 运动健康军团 显示新核军团 园区军团 广域网络军团 数据中心底座军团 数字站点军团 机场与轨道军团 电力数字化军团 政务一网通军团
2022 年 5 月	5 个	数字金融军团 站点能源军团 机器视觉军团 制造行业数字化系统部 公共事业系统部

华为陆续建立军团，是为了通过军团作战，发挥“鱼群效应”。针对突围成功的军团，公司会给予充分的激励，从而刺激别的军团努力跟上来，以在多元业务上实现快速突破、摆脱业绩困境，激活整个组织。

2021 年 12 月 1 日，华为煤矿军团与国家能源集团宁夏煤业有限责任公司签署战略合作协议，双方将共同推动煤炭、煤化工产业数字化转型。如今，华为煤矿军团已服务于中国各大煤炭集团、金属和非金属矿业集团，并取得了部分成效。

华为军团已诞生一年多，围绕军团展开的华为新局面也正在逐步打开。华为军团组织模式已经在安全行业、通信行业陆续输出，并被同行所借鉴。2022 年 5 月 17 日，中国联通宣布，面向重点垂直行业成立九大行业军团（见表 3-4）。

表 3-4　中国联通的九大行业军团

序　号	军团名称	分公司
1	装备制造军团	上海联通
2	智慧矿山军团	山西联通、山东联通
3	智慧钢铁军团	河北联通
4	服装制造军团	浙江联通
5	汽车制造军团	重庆联通
6	智慧医疗军团	广东联通
7	智慧法务军团	四川联通
8	智慧应急军团	联通数科
9	智慧交通军团	智网科技

中国联通成立的九大行业军团，在业务上与华为军团存在重叠，很大程度上可以和华为的相关军团进行衔接。比如，在打通“云管端”上，联通提供 5G 网络，华为提供端和云的设备及人工智能服务，双方实现合作共赢，共同推动行业数字化变革。

3.3.3　灵活机动，快速成长

毛泽东说：“指导一切战争，都应当依据敌我情况运用灵活机动的战略战术，而在敌强我弱的战略防御和战略相持阶段对日作战，更要有高度的灵活性、机动性，才能有效地打击敌人、消耗敌人。”红军能够创造出四渡赤水、巧渡金沙江、强渡大渡河、飞夺泸定桥等经典战役，都离不开灵活机动的战略战术。

华为在 2019 年提出了灵活机动的概念。2019 年 7 月 31 日，任正非发表了题为《钢铁是怎么炼成的》的讲话，任正非表示，“要用灵活机动的作战方式，灵活机动地改变研发方式等，使得华为公司适应未来条件，能

够生存下来”。

任正非喜欢运用军事战略战术管理企业。任正非很喜欢读《毛泽东选集》，一有工夫，他就琢磨怎么把毛泽东的兵法变为华为的战略。华为从诞生到现在，它的许多重大决策都是在毛泽东军事思想指导下形成的。

【案例】国内市场：“农村包围城市，逐步占领城市”

华为创立初期，国内电信市场大部分份额被爱立信、摩托罗拉等国际电信巨头所占。华为初出茅庐，产品研发刚刚起步，无论是产品性能还是品牌公信力，都不足以让大城市的客户所接受，实力规模上远不如电信巨头们，无法与之直接竞争。在这种大背景下，任正非采取了“农村包围城市，逐步占领城市”的发展战略，从电信巨头们还未顾及的农村市场切入，步步为营，逐渐深入城市。

由于自身产品还不成熟，故障问题频出，华为派出大量市场和技术人员到各地现场蹲守，及时响应客户要求，随时更换备板备件，耐心沟通，并对接研发人员积极改进。这种细致入微的服务，很大程度上弥补了产品的不足，获得了用户的认可，为华为争得了生存空间。

从 1993 年到 1999 年，仅仅 6 年的时间里，华为的销售收入实现了从 1 亿元到 100 亿元的重大突破。与此同时，华为将赚来的钱大力投入研发，不断提高自身产品质量，最终使产品达到了与国外公司同样的品质，在 10 年内实现了超越。

【案例】境外市场：第二次战略转型

1996 年，为了拓展市场空间，华为将眼光放到了境外市场，启动了第二次战略转型，举起了全球化的大旗。

试水香港

1996 年，华为与长江实业旗下的香港和记电讯签订价值 3600 万元的综合性商业网合同，首先突破了香港市场。

俄罗斯之旅

1996 年，华为抓住中俄达成的战略协作伙伴这一国际关系变化中隐藏的商机，加快与俄罗斯的合作。2001 年，华为与俄罗斯国家电信部门签署了上千万美元的 GSM（全球移动通信系统）设备供应合同。

征战亚非拉

1998 年，华为进入巴西市场；1999 年，华为全面进入中东、北非、东南亚市场。这些地区的一些国家经济落后、疾病流行，甚至常年处于战乱。华为人吃苦耐劳、艰苦奋斗，努力克服了种种困难，积累了丰富的项目经验。

进军西欧

2000 年之后，华为开始进军西欧市场。华为首先从欧洲偏远地区的国家入手，向客户提供远低于竞争对手的报价和全面细致的服务，逐步打通欧洲低端市场。2004 年 12 月，华为获得荷兰运营商 Telfort 价值超过 2500 万美元的合同，成功切入欧洲高端市场。以此为契机，华为逐步敲开了法国、德国、英国等欧洲主流市场的大门。2006 年，华为销售收入达到 656 亿元，海外销售额占比突破 65%。

在任正非变兵法为企业战略的思想指导下，华为就像一支训练有素的军队，一路上“攻城略地”，势如破竹、锐不可当。今天的困境逆旅，不过是又一次出征和练兵。

作为“困难时期”的冲锋队伍，华为将军团称为“灵活机动的战略战术”。军团成立之后，华为针对不同的战场派遣不同的作战队伍，如 BG（业务集团）主要以大兵团的形式打大规模战役，而军团则作为特战队，突击战略性山头。华为军团组织聚焦于各个细分领域（煤矿、公路等），每个军团都有场景聚焦，控制扩张的边界，其目的在于将某一行业摸透，实现业务快速增长。

【案例】煤矿 aPaaS：打造无人少人、安全高效的智能矿山

在 2022 年华为伙伴暨开发者大会上，华为云 CEO 张平安宣布华为发布 15 大新的云服务能力，其中包括煤矿 aPaaS（应用程序平台即服务）。

人工智能在煤炭行业已经发展超过十年，华为的“煤矿大脑”也早已在全国包括山西省、内蒙古自治区、陕西省等大量的煤矿进行了落地使用。此次，华为云为智能矿山打造出“盘古矿山大模型”，该模型可以对海量矿山数据进行预训练。在实际应用时，伙伴和开发者不需要从零开始训练模型，只需要输入小样本的数据进行调优，即可快速生成不同矿山场景下的人工智能服务。

例如，针对煤矿运输中大块煤、锚杆、钢筋等异物堵塞皮带的业务场景，煤炭软件提供商精英数智，采用华为云煤矿 aPaaS 的皮带异物识别 API（应用程序接口），可以快速发现运输皮带上的异物，且识别精度超过了 98%，检测效率提高了 10 ~ 100 倍，安全事故降低了 90%，有效避免了停工停产带来的巨大损失。

华为云联合伙伴已经沉淀了 18 个机器视觉类 API 到煤矿 aPaaS 上，覆盖了矿山采、掘、机、运、通等主业务环节，实现了无人少人作业，让煤矿工人也可以“穿着西装、打着领带”去工作。同时，这个方案可以在全国超过 4000 个井工矿中复制使用。

灵活机动的战略战术，是华为一贯的制胜之道。华为军团组织灵活机动，扎到细分行业寻找突破口，快速成长，带动收入增长。

3.4 军团作战的考量

军团作战方式，强调集体立功、集体受奖，避免只追求个人利益。华为把权力下放到前方的同时，要让它始终在集团控制范围之内，并始终将

集团的利益放在第一位。

3.4.1 谷歌的军团模式

2019年，任正非在杭州研究所业务汇报会上表示，要向谷歌军团学习，“谷歌军团的编制不大，战斗力极强，要好好向谷歌军团学习”。

谷歌军团是将高素质的博士集中在一起，组成的一支神秘军团。谷歌军团形成了从业务到研究、开发等职能的大型闭环，大大提升了谷歌的创新能力。谷歌军团具有以下三个特点：

（1）研究下沉一线，一线做研究：研究人员进入项目团队，面向一线市场和用户做开发，当开发人员遇到问题时也要会做研究。

（2）组成跨部门合作团队：项目团队由不同职能部门人员组成，实行跨组调配，提升沟通协作效率，且在技能上形成互补。

（3）秉承“大材小用”的用人观念：招聘大量博士，让精英人才参与作战。精英团队协同作战，能迅速将人才优势转化为技术优势、竞争优势和商业优势。

【案例】严格要求代码质量

谷歌在项目工程上，对每个细节都有着严格的要求，尤其是对代码的质量要求极高，目的是培养员工的质量意识。比如，一段代码多了一个空格，或者一行代码超过80个字符，就不允许提交；一个程序里的变量名起得不好，就不能通过评审；在算法的优化上，即使只能节省1%的时间，也要去实现，因为节省1%的时间就意味着可以节省1%的服务器，那么一年下来有可能节约几十万美元甚至更多。

同样的工作，虽然内容相同，但做得好与不好，在价值上有天壤之别。谷歌这种“超合格”的工作自然也需要“超合格”的员工来承担。谷

歌在人才引进方面可谓精益求精。谷歌军团人员编制不大，普遍是40人左右的敏捷型组织，但军团中每位成员的战斗力都非常强。对于企业来说，军团就是以更少的人、更集中的资源，在短时间内取得更大的成就。

谷歌是军团模式的开创者。当时没有样本参考，它在摸索中慢慢探寻出一条能高效创新的路，帮助公司攻坚克难。

3.4.2 军团组织与“反军团组织”

军团组织是华为使能千行百业所采用的一种作战模式，能让华为在初期阶段运转更加灵活，快速成长。然而，每一种模式都有弊端，当军团模式发展到后期，很可能出现军团利益高于集团利益的情况，使集团失去控制力和向心力。

【案例】SUN公司“行星”模式以失败告终

SUN公司是一家从斯坦福大学孵化出的高科技公司。在2001年的高峰期，SUN公司在全球拥有5万名员工，市值超过2000亿美元。

谷歌前CEO施密特曾在《重新定义公司》一书中写到，早期他在SUN公司就职时，该公司正处于飞速发展阶段，业务越来越复杂，因此，公司决定进行业务重组。它新设多个业务单元——“行星”，给每个“行星”配齐各类人员，进行独立运作，并自负盈亏。然而，新的“行星”组织结构，让各个业务单元形成了各自为政的情况，对公司的生产力造成了重创。

究其背后原因可以发现，“行星”模式使得各业务单元的领导者，将全部心思都放在如何提高自己部门的营收上，把自己部门的盈亏置于公司整体利益之上。他们不再潜心研发那些能让公司盈利的高质量产品，甚至认为集团的战略、文化、价值观都与他们无关，致使各自的发展轨道逐渐偏离。

施密特在谷歌坚持按职能划分部门，如研究、产品、销售、财务等独立部门。这种组织设计在大公司中十分普遍，我们在此称之为“反军团组织”。在“反军团组织”下，每个部门承担各自的功能，每项业务的推进都需要跨部门协作。这被很多大公司认为是效率的“拦路虎”。

过去，华为业务部门和技术部门彼此孤立，部门之间协作流程长，存在管理边界和分工不明确等问题。技术部门有时要服务成百上千个业务单元，开发效率大打折扣，尤其是在与业务部门产生观点冲突时，还会出现越俎代庖的情况，结果是项目上线了，效果却不尽如人意。2010 年之后，为了解决业务和技术协同问题，华为开始采用项目型组织。业务人员和技术人员为解决特定的问题而组成一个项目组，解决问题之后项目组即解散，如此反复。然而，频繁的组合和解散使得能力极易流失，难以固化。由于临时项目组只需要对该项目的结果负责，不需要对长期结果负责，因此它们无法把做项目得来的经验进行沉淀和赋能，无法形成组织能力。

由此可见，无论哪种组织模式，都有一定的利弊。《战争论》的作者克劳塞维茨曾说过：“面对战争中的不可预见性，优秀指挥员必备两大要素，这两大要素在和平时期一个也看不出来，但在战争时期绝对管用。第一，即便在最黑暗的时刻也具有能够发现一线微光的慧眼。第二，敢于跟随这一线微光前进的勇气。”

一直以来，华为都善于借鉴和学习，而且有不断超越对手的勇气、信心和能力。华为成立军团组织并不是盲目创新，而是在原有的基础上进行不断改良和创新。

3.4.3 三权分立，相互制衡

三权分立是西方关于国家政权架构和权力资源配置的一种政治学说，主张立法、行政、司法三种国家权力分别由不同机关掌握，各自独立行权、相互制衡。

为了防止军团在变大变强后，脱离集团的掌控范围，华为借鉴三权分立的“反失控”手段，对军团的权力进行拆分，实行军团、人事部、技术部三权分立，形成多方互相制衡的形态。

（1）人事分权：赋予人事部更高的话语权。有些脑力劳动密集型企业的人事部形同虚设，没有太多的话语权，不能及时地对组织进行“刷新”，从而给企业业务经营带来负面的影响。

以鲍尔默时期的微软为例。当时，微软的两大产品线（Windows 和 Office）在市场上势头正盛，一度没有对手。在公司内部，这两大产品线的发展越来越壮大，它们大量投入人员和资金，却没有做出任何重大创新，还在各方面打压其他部门，导致微软错过了移动时代。一直到纳德拉上任后，微软才正式开始“刷新”，最终成为云计算与人工智能时代的引领者。

谷歌在权力分配上，则赋予了人事部“刷新者”的角色。谷歌前高管曾表示，谷歌人事部有很高的话语权，他们有权力在项目结束，或者在产品奠定行业地位进入“守城阶段”后，将部分人员直接调离，重新投入下一个创新业务中。这样可以很好地让员工跳出“舒适区”，同时也能防止某些部门“占山为王”，形成挑战集团的派系势力。

（2）技术分权：把核心技术和底层技术掌握在集团手中。

早些年，腾讯前 CTO（首席技术官）张志东与部门技术线、业务线高管，在某项基础技术的组织划分上，产生了不同的意见。部门技术线、业务线高管认为，应该将技术团队打散，融入各业务线中；而张志东认为，该基础技术和技术团队，应该由技术部统一管理，给各个业务线做支撑。如今的腾讯，延续了张志东的技术组织理念，将一部分技术人员融入其他事业群，另一部分则归属技术事业群（TEG），从事基础技术支撑的研发，

把整个公司的核心研发和技术产品掌握在手中。腾讯是中国唯一有着接近万人规模的独立技术事业群（TEG）的互联网公司。从某种意义上来说，它承载着“分权”的使命。

2019 年，华为授权 CBG（消费者业务部）进行军团作战时，也做了权力划分和管理角色定位。CBG 在进行军团作战时采用“自主经营决策 + 总部特派内控”的模式，总共定义了五个关键角色（见表 3-5），关键角色管理关系的设计在原则上遵循公司“分权制衡”“隔层管理，两层审结”的管理原则。

表 3-5　华为 CBG 进行军团作战的五个关键角色

角色性质	角色名称	主要职责
CBG 独享	BG CEO	负责干部管理、组织建设、CBG IRB（管理委员会）、EMT 会议等
	BG CFO	负责计划管理、预算与费用管理、经营预测与分析等
	BG COO（首席运营官）	负责生产采购管理、MKT（市场）与服务采购管理、计划管理与客户交付管理等
总部特派	BG 中央集权（财务、资金）特派代表	独立向董事会和消管会报告，主要抓手是财报内控，参与 BG EMT、各级业务管理会议
	BG 监管副总裁	代表公司对 CBG 干部团队进行平行监督，负责价值观一致性，并负责风险管理与合规管理

商业世界永远没有长期正确的战略，只有当下正确的战术。华为已成立的各大军团之间既紧密联系又分工独立，各自在聚焦的领域里发动全力以赴的进攻，即使某个方向失败了，也不会对整体有很大的影响。在信息化时代，企业只有联合作战，分合有序，有效应对复杂的战场环境，才能完成多样化的作战任务。

第4章 统一客户界面

华为以客户为中心，通过向业务前线集中力量，协同客户关系、产品与解决方案、交付与服务等部门，组建针对特定客户的作战部队，实现客户接口归一化，更好地帮助客户商业成功。

4.1 打破现有组织边界

华为军团打破现有组织边界，可以快速集结资源。它采用矩阵式管理模式，可以从各平台获得相应的“炮火”，但同时也受各平台的监管。

4.1.1 华为的矩阵式组织架构

华为的组织架构是一种兼有事业部和矩阵式组织优点的准事业部矩阵式组织架构，是按照战略决定组织的原则建立起来的，顺应了华为经营性质对组织运作方式的需要（见图 4-1）。

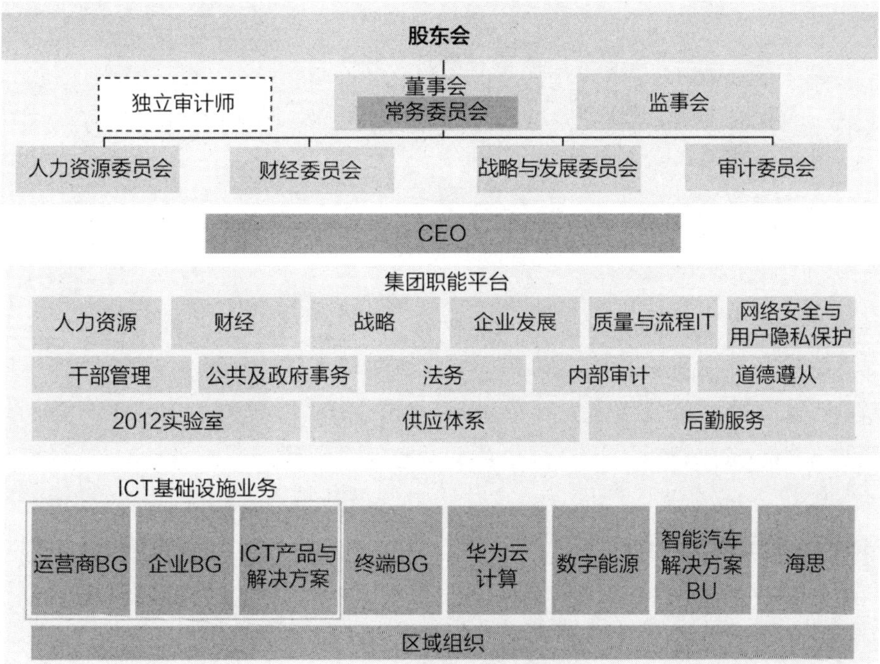

图 4-1　华为组织架构图

股东会是华为的权力机构，负责公司增资、利润分配、选举董事/监事等重大事项的决策。董事会是公司战略、经营管理和客户满意度的最高责任机构，承担带领公司前进的使命，行使公司战略与经营管理决策权，确保客户与股东的利益得到维护。监事会是按中国司法要求设立的，主要职责包括董事、高级管理人员履职监督，公司经营和财务状况监督，合规监督。

华为的业务组织架构分为按战略性事业划分的 BG 和产品组织、按地区划分的区域组织、按专业化原则划分的集团职能平台。其中，BG 和产品组织分为 ICT 基础设施业务、终端 BG、华为云计算、数字能源、智能汽车解决方案 BU、海思。

ICT 基础设施业务包括运营商 BG、企业 BG、ICT 产品与解决方案。ICT 基础设施业务管理委员会是华为 ICT 基础设施业务战略、经营管理和客户满意度的责任机构，负责对ICT基础设施业务进行端到端的经营管理。

运营商 BG 和企业 BG 是公司分别面向运营商客户和企业/行业客户的解决方案营销、销售和服务的管理和支撑组织，针对不同客户的业务特点和经营规律提供创新、差异化、领先的解决方案，并不断提升公司的行业竞争力和客户满意度。

ICT 产品与解决方案是公司面向运营商及企业/行业客户提供 ICT 基础设施相关的产品与解决方案的组织，负责产品的规划、开发交付和竞争力构建，致力于打造世界领先的连接、计算等 ICT 基础设施产品与解决方案，围绕鲲鹏、昇腾及欧拉系基础软件构建数字基础设施生态，成为数字世界的算力底座，为用户创造更好的业务体验，同时使能客户商业成功。

终端 BG 是公司面向终端产品用户和生态伙伴的端到端经营组织，对经营结果、风险、市场竞争力和客户满意度负责。以用户为中心，打造全场景智慧化生活体验，围绕智慧办公、智能家居、智慧出行、运动健康、影音娱乐五大场景，实现用户体验与服务的商业闭环。

华为云计算对华为云业务端到端经营、商业成功负责，构建云产业组

织和能力（研发、销售、咨询、服务、供应等），致力于为客户提供稳定可靠、安全可信、可持续创新的云服务，深耕数字化，一切皆服务，让云无处不在，让智能无所不及，共建智能世界云底座。

数字能源是公司面向企业 / 行业客户提供清洁发电、交通电动化、站点能源、数据中心能源、嵌入式电源等产品和解决方案的组织，致力于将电力电子技术与数字技术相结合，为客户提供高质量、高效率、绿色、低碳的电力电子产品，使能客户商业成功。

智能汽车解决方案 BU 是公司面向智能汽车领域的端到端业务责任主体，将华为的 ICT 优势延伸到智能汽车产业，提供智能网联汽车的增量部件。智能汽车解决方案 BU 的业务目标是聚焦 ICT，帮助车企造好车。

海思面向智能终端、显示面板、家电、汽车电子等行业，为客户提供感知、连接、计算、显示等端到端的板级芯片和模组解决方案，承担芯片和模组产业的研发、Marketing[①]、生态发展、销售服务等职责，对经营结果、风险、市场竞争力和客户满意度负责。

区域组织是华为的区域经营中心，是获得了授权的作战单元，负责区域的相关资源、能力的建设和有效利用，并负责公司战略在所辖区域的落地。

集团职能平台是聚焦业务的支撑、服务和监管的平台，向前方提供及时、准确、有效的服务，在充分向前方授权的同时，加强监管。

华为的矩阵式组织架构是其奋斗多年总结形成的，既能保持相对稳定，又能随着行业的变化、公司的发展而不断自主变革，持续向“以客户为中心”转变，使公司长期保持有效增长。华为的矩阵网不是固态的：收缩时，它会叠起来；扩张时，它会拉开。

---

① 华为定义的“Marketing”与国内其他企业不同，其他企业的 Marketing 可能更多指的是宣传的功能（如市场营销等），而华为“Marketing”的核心职能是产品定义，具体有三个角色分工：品牌、营销、规划。因此，本文此处不做中文翻译。

4.1.2　打破组织边界，独立建制

华为成立军团，是一种组织创新，通过集中各个 BG 的精兵强将，打破边界、打通资源，形成纵向能力对重点行业进行突破，并创造新的增长引擎。

在传统企业业务组织架构下，一线业务部门是直接对接客户的部门，它们在拓展与服务客户时，需要与各个职能部门，比如研发、生产、产品、采购、财务、人事等进行大量的跨部门沟通和协作。这种模式不仅大大影响了运作效率，还容易产生很多弊端，比如部门间争功诿过，没有人为经营结果真正负责；研发与客户需求传递失真，造成客户不满意甚至流失；一线销售没有权限调动资源响应，需要经过烦琐的流程审批等。

军团组织以业务为中心，集合各部门的优秀人才，组成一支功能齐全的作战队伍，独立执行某一领域的作战任务。因此，军团组织可以有效减少烦琐的沟通环节，缩短作战链条，提升效率。

华为之所以单独成立军团，是因为公司现有的组织不适合此类业务发展。克莱顿·克里斯坦森在《颠覆性创新》一书里写道："创新业务最好与成熟业务在组织上分隔开来，避免相互影响。"也就是说，创新业务和成熟业务的内在逻辑不同，企业不能指望成熟业务主动孵化带大创新业务，要考虑在组织上对其进行隔离。

华为现有 BG 和军团在发展阶段、定位、技术等方面都存在很大的差异和内在冲突。现有 BG 被定位为利润中心，其发展已进入 10 ~ 100 的成熟阶段，解决方案也多采用成熟技术，高精尖的技术反而用处不大。而军团还处在 1 ~ 10 的阶段，预备军团处在 0.1 ~ 1 的阶段，几乎没有利润，甚至没有收入，技术的应用场景也还处在初期，并没有得到商业验证。因

此，军团和成熟的BG非常不搭，无法在BG内部进行孵化，也无法作为BG的下属产品线或业务单元。

华为军团独立建制，一方面打破了传统的组织边界，压缩层级，将各职能部门下沉到业务一线参与作战，以便快速集结资源；另一方面强化了业务边界，明确聚焦某个细分领域，致力于将其做深做透，取得业务突破，为解决方案打开实质性的市场空间。

4.1.3 重构中央平台与事业部的关系

任正非在成立军团组织时，基于行业特点设计组织和运作架构，提出了“强代表处、小机关、大平台”的新作战模式。根据业务实质逐步缩小机关，构建支撑多业态的共享大平台，为BG、军团、区域组织提供支持与服务。

集团职能平台是华为的中央平台，是作为统治抓手的后台组织；各个业务单元和产品 / 解决方案部门是中台组织，是支撑差异化业务发展的作战支持平台；区域组织是前台作战组织。中央平台承担着全球战略性决策的职能，负责战略洞察和整体战略制定，以及支持关键重大战役，同时承担着服务与监督的责任，以确保战略方向的正确和战略的高效执行。

随着军团组织的成立，华为整体的组织运作进一步从管控型向支持作战型转变，逐步推广“平台 + 业务团队”的方式，使职能部门平台化、平台服务化、服务市场化。中央平台对整体作业质量起到监督作用，授权不是分权，授出去的是决策权，保留下来的是监督权。

（1）研发大平台支持军团和BG作战。

研发作为大平台，在核心业务平台上积极支持军团和BG作战，部分应用研究在经集团批准的情况下逐步下放到军团或者BG。

集团研发部门深入行业一线，识别价值场景，理解客户需求，做好顶层设计，并匹配公司战略方向和主航道，设计出可以满足和引领行业主力场景的产品和平台。各军团在研发部门提供的优质平台上做一些开发，并同时发展和赋能能力型合作伙伴，与其共同打造解决方案，解决行业客户问题，一起做强生态。

集团研发部门聚焦标准部件和标准平台的开发，针对解决方案的应用研究则交给作战前线，让基础理论和技术实现共享。例如，针对智能汽车解决方案 BU 激光雷达的芯片，其标准模块由海思后方负责，其他模块则由军团负责。

（2）精简机关，提高服务质量。

华为进行 EBG（企业业务部）机关组织重构，随着军团的变革而“做减法”，缩小业务支撑组织的编制。EBG 机关重构后保留三个平台模块：全球伙伴发展与销售部、Marketing 与解决方案销售部、数字化与技术服务部。三个平台模块进行职责和流程变革，逐步将更多的作战权力授权给军团和还没有军团化的作战组织，支撑与服务下沉到代表处。

从 2021 年 3 月底开始，EBG 机关三个平台模块作为服务平台进入作战状态，各个军团及下属服务的团队会给这三个模块进行月度评分。评分分为 A、B+、B 三档。评分者在给三个模块评分时，不能同时打两个 A，也不能打 A 后再同时打两个 B+，最终的评分结果会影响三个模块的奖金系数。华为预计将在 2022 年下半年完成 EBG 机关组织整合及优化。

面对快速变化的市场需求和外部商业环境，华为依靠后方大平台的机制优势，鼓励小的作战单元不断扩大，同时对代表处和机关组织进行改革，实现“大平台 + 精兵队伍”的组织阵型，发掘机会点，突破重点市场。

4.2 军团组织穿插作战

“华为军团”就是华为集合了公司最牛的人，组成一个加强连，专门去打硬仗。好比电影《长津湖》里面的“穿插连”，他们属于东线作战部队第九军团，在极端环境下，是为长津湖战役胜利而来的。

4.2.1 聚焦商业价值转化

华为军团的组建主要针对能够带来商业价值的行业，以销售收入为中心，一切为了“多打粮食”。任正非曾表示，现在只想多努力，努力寻找能生存下来的机会。煤矿就是机会。中国有 5300 多个煤矿、2700 多个金属矿，华为如果能把这 8000 多个矿山做好，其营收增长空间很大。

数字化转型是当下企业发展的必经之路，有巨大的市场和价值空间，能为企业带来进入新赛道或弯道超车的机会，帮助企业实现商业目标。

【案例】美的集团：实践“四步走”数字化战略，实现商业价值

美的集团是知名家居消费电器制造企业，有着非常智慧的数字化转型整体流程和体系设计。美的集团的数字化战略包含四个阶段（见图 4-2）。

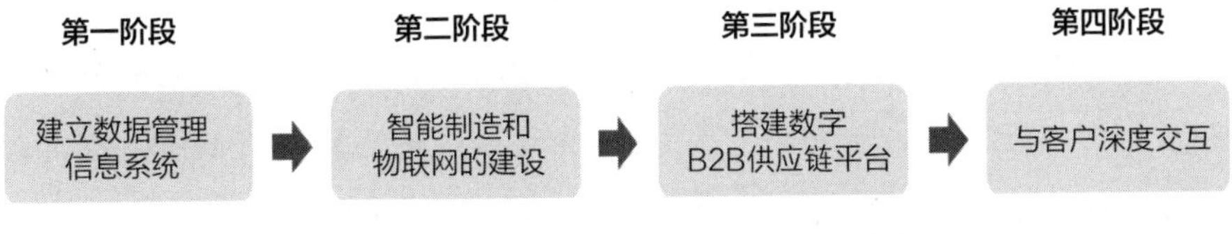

图 4-2 美的集团“四步走”数字化战略

第一阶段：通过“632 项目”建立数据管理信息系统，为系统互联、数据互通打下基础。

第二阶段：智能制造和物联网的建设，即智能产品和智能制造。

第三阶段：搭建数字 B2B 供应链平台，通过供应链平台的一体化管理

和一键式操作，实现了实时整合上下游资源，及时准确对接供需，提升全流程效率。

第四阶段：进入工业互联网与客户进行深度交互，根据客户的数据和需求构建从客户到制造（C2M）的过程。

美的集团“四步走”数字化战略的实行，使得美的集团有实力和同业、异业相互竞争，提升了美的集团在整个行业中的地位，使其逐渐成长为互联网巨头的战略合作伙伴，实现了商业价值的飙升。

华为成立的军团基本上都和数字化、智能化业务息息相关，已经覆盖煤炭、公路、海关和港口、光伏、显示、健康、金融、人工智能等多个行业。军团是华为“铺路筑桥”的先锋队，在内部把华为的研发、营销、服务端到端地拉通。比如，研发可以直接了解客户的业务需求，并通过5G、云计算、人工智能等核心技术，快速设计出匹配客户场景的产品和解决方案。

例如，海关与港口军团在成立短短几个月后，已实现将自动驾驶、5G、人工智能等创新技术应用于码头核心业务中。

（1）基于高精度地图分钟级准静态图层更新、秒级准动态图层更新和厘米级定位等能力，实现了港口水平运输的全流程自动驾驶。

（2）与主线科技、徐工集团、华东电子等生态伙伴合作，让自动驾驶和伙伴的码头操作系统（TOS）、场桥、岸桥、道闸、充电等周边业务系统对接，实现了端到端、多作业流的互通。

华为军团主要面向行业头部企业，但除了大型企业，中小企业的数字化转型也是一个巨大的、有价值的市场。胡厚崑认为，中小企业在数字化转型方面的需求不可小视，但它们往往面临一些特定的挑战，比如缺乏数字化能力、预算有限等。

因此，华为可以将军团所积累的行业数字化经验传递到商业市场。比如，华为军团在一些行业进行的场景数字化创新，可以以能力的形式将经验、方案的沉淀传递给伙伴，然后由伙伴作为主力军，去为广大的商业市场客户提供服务。

4.2.2 撕开口子，撑大市场空间

任正非曾在2019年杭州研究所业务汇报会的讲话中，号召华为向谷歌军团学习，“谷歌军团的编制不大，战斗力极强，要好好向谷歌军团学习”。华为自2021年成立军团之后，已经逐步取得一些成绩。

煤矿军团：携手伙伴发布了基于工业互联网架构、有开创性意义的全新智能矿山解决方案，涵盖华为矿鸿操作系统、矿山全光工业网、融合IP工业网、云和数字平台、矿山智慧园区、智能作业辅助系统等应用，已签约好几个项目订单。

智慧公路军团：2021年11月24日，与江西省交通投资集团在南昌签署合作备忘录。双方将共同打造江西智慧高速样板，推动江西省交通行业数字化转型升级。

海关和港口军团：2021年11月5日，与山东省港口集团签署战略合作协议。双方将合力把山东港口打造成为具有高质量竞争力的世界级港口标杆。

智能光伏军团：2021年10月16日，与山东电力建设第三工程有限公司签约沙特红海新城储能项目。该项目储能规模达1300MWh，是迄今为止全球规模最大的储能项目，也是全球最大的离网储能项目。

数据中心能源军团：与迪拜水电局签约合作，负责承建中东和非洲最大的太阳能供电数据中心。数据中心园区整体规划面积超过10万平方米，将采用100%绿电驱动，是中东和非洲最大的低碳数据中心。

华为军团已慢慢在各行各业“撕开口子”，撑大市场空间。其中，作为最早成立的煤矿军团，经过一年多的发展，已经将沉淀的方法论复制到其他矿山领域实现业务的迅速扩张。煤矿军团与山东黄金集团、金川集团、南钢集团、紫金矿业集团、宝武集团、鞍本集团、五矿集团、河钢集团等头部金属矿企进行了不同程度的合作。华为煤矿军团能在一年多的时间内将业务迅速扩展，主要有以下三个原因：

（1）技术积累的优势：矿鸿操作系统、5G、F5G（第五代固定通信网络）、人工智能等技术。

（2）军团文化的优势：军团是一个集成型组织，包括销售团队、服务团队、产品需求管理团队、解决方案开发团队、生态拓展团队等，缩短了内部的管理链条，让研发能够更快地响应和满足客户需求。正是因为这种优势，煤矿军团才有机会迅速形成方法论，并在其他矿山领域复制使用，进而取得一定的成效。

（3）人才的优势：华为管理模式的核心是对人才的管理，经过多年积累，华为形成了强大的人才组合，包括数学家、物理学家、化学家、高级工程师、研究专家、“天才少年”等。这些人才成为煤矿军团的中坚力量，助力矿山领域业务的快速发展和扩张。

华为军团各路赛道齐发，全面进军产业数字化领域，拉开了公司的冲锋之旅。

4.2.3　坚持持续的“穿插作战”

穿插战术是利用敌人部署的间隙或薄弱部位插入其纵深或后方的战斗行动，是进攻作战的一种重要手段。穿插部队可以在极端环境下，深入敌后，协同大部队灵活作战。华为军团是华为在当前关键时期的穿插部队，

而不是拥有固定编制的、厚重的资源平台。军团肩负着冲锋突围的重任，纵深直入垂直行业，利用自身掌握的5G等核心技术，帮助行业解决发展中的难题，突破行业转型障碍。

华为轮值董事长胡厚崑曾公开表示，5G还有另一个巨大价值，那就是行业的应用，即“5G+各行各业”。

2021年华为年报显示，华为5G已经在制造、矿山、钢铁、港口、化工、水泥、电网和医疗等行业实现规模商用；华为5G行业技术解决方案在典型的8个应用场景实现规模复制，比如设备远程操控、数据采集、产品质量检测等。

在港口行业，华为的5G远控天车、双发选收方案，满足了设备远程操控20毫秒稳定低时延的需求，实现了龙门吊的远程控制；操作人员不再需要爬上爬下、忍受风吹日晒以及每天10～12个小时的俯视作业，大幅改善了工作环境与体验。在钢铁行业，华为的5G远程操控让工人脱离嘈杂、高温的工作环境，在提升生产效率的同时，让工人享有安全、舒适的工作环境。在化工行业，华为的5G机器人巡检、5G移动作业监控等对厂区的全要素进行视频采集和全天候分析，使安全预判效率得到巨大提升。

在美国的打压下，华为的手机业务极速下滑，电脑等其他产品也因为“无芯”而供不应求。华为的军团布局是华为的“自救策略”，为了避免被美国彻底压制住，华为在更多的领域进行布局，坚持持续的穿插作战。

4.3 代表处平台联合作战

华为军团主要负责攻下一个个行业“山头”，实现突围，再交给代表处进行后期运营和收割，与代表处进行联合作战。

4.3.1　与区域组织融合

华为区域组织主要包括地区部和代表处，侧重于满足客户需求、形成经营结果。在华为，一个典型的区域组织包括渠道负责人、行业代表、区域代表、服务代表、产品代表、拓展代表等角色，负责与客户进行日常关系维护，与之建立紧密的联系和伙伴关系。

地区部主要负责提供区域性作战资源、业务能力和行政服务平台，是支援战区作战的能力中心和资源中心。地区部集中专业力量，集结各类资源，为军团及代表处作战提供及时、有效、低成本的支持。

（1）地区部做好战区主建。

地区部的建设主要是平台的建设、共享中心的建设、经验的总结以及人员的培训。军团和代表处是精兵队伍，占比约为 70%，剩下的战斗力由地区部来提供。解决方案、服务、投标……各种业务要集中一批尖子，随时像蜂群一样，一窝蜂地对重要项目实施支持。

因此，地区部要做好战区主建，其决策层要作为行政指挥中心存在，大量的队伍要作为资源存在。地区部在“一线呼唤炮火”的命令下，通过调用资源、以高度专业化能力支撑一线作战。

（2）地区部做好专业能力建设。

地区部不断加强专业能力建设，明确自己的岗位职责，积极地练兵。地区部逐渐增加业务专家的数量。华为的公司文化是“赛马文化”，地区部通过竞赛的方式来选拔专业业务骨干，给年轻的、有干劲的、有才能的干部一个成长的机会。地区部专业化队伍的支持能力提高了，就可以减少一线作战部队的人数。

例如，发射导弹的通常是少数几个人，但为了成功发射导弹需要有几十、几百人在后方平台提供支持服务。冲锋到第一线发射导弹的人做出了贡献，做好了服务和能力支撑的后台人员也做出了贡献。

华为持续优化区域组织，EBG 行业业务部和地区部机关行业业务部组织，本着先立后破的原则进行适应优化；行业系统部中与军团相关的行业解决方案研发、Marketing 营销服务等人员大部分被拆分到军团；客户界面的 CC4[①] 保留在区域组织。

华为军团与区域组织进行融合，区域组织面向客户提供各类解决方案，加大、加快向一线组织授权，以更快响应客户需求、提高效率，并帮助客户实现商业成功。军团负责解决方案的设计，做好售前解决方案的支持和商务过程的整体技术营销，形成“产品 + 客户 + 区域”的组织模式，实现公司健康、可持续的有效增长。

4.3.2 构建代表处平台

华为军团以销售收入为中心，代表处以利润为中心，两者各自发挥优势，同时又相互制约，做到“力出一孔，利出一孔”。随着华为军团规模的逐渐壮大，须构建代表处平台，提升代表处综合能力。

（1）指挥权、现场决策权逐渐前移至代表处。

代表处是华为经营与利润中心，要将指挥权、现场决策权逐渐前移至代表处。代表处拥有客户选择权、产品选择权和合同决策权等，可以根据机会点对能力进行编排和调用，并通过“一线呼唤炮火”的方式获取作战资源来支撑作战，对当地销售和服务负责，并通过提供销售和服务来创造利润。

地区部支援部队，一切要听从代表处的协调指挥。代表处通过合同获取、完成支付两个平台，负责及时、准确、独立支持中小规模的项目完成，以及对重大项目实施组织规划、协调后方支援。

---

① CC4（Customer Centric Four），即“铁四角”客户型组织，是华为面向客户组织的第二阶段。

（2）代表处做好综合能力建设。

代表处在一定的授权规范内可以独立地进行决策，并对决策承担责任。要进行独立决策，就必须做好代表处员工的综合能力建设，组建多功能的精兵团队应对各种不确定性，包括业务的不确定性、技术的不确定性、客户需求的不确定性、交易条件的不确定性以及交付条件的不确定性等。加强代表处的综合能力建设主要从以下两方面进行：

一方面，加强面向客户的“铁三角”作战单元各角色的综合能力。比如，客户经理要加强营销四要素（客户关系、解决方案、融资和回款条件、交付）的综合能力，提高做生意的能力；解决方案专家要一专多能，打通自己不熟悉的专业领域的求助渠道；交付专家要提高沟通能力，与客户就工程与服务的解决方案进行良好的沟通，同时要掌握后台的可承诺能力和交付流程的各个环节。

另一方面，增强代表处的项目决策能力和合同关闭能力。比如，借鉴“班长的战争”的理念，让“将军”排在面对客户的最前列，组成“将军+精兵”的结构，提升综合作战能力。针对“班长的战争”的理念，任正非在 2014 年华为人力资源工作汇报会上做了详细阐述，大致内容如下：

“班长的战争”这个理念应该这么来看。大规模人员作战很笨重，缩小作战单位，更加灵活，综合作战能力提升了，机关要更综合，决策人不能更多。让组织更轻、更灵活，是适应未来社会发展的，也是华为未来组织改革的奋斗目标。通过组织改革，华为要坚定不移地逐步实现让前方来呼唤炮火，多余的机构要关掉，这样机关才不会官僚化。

代表处平台除了要有主战部队，也要有支援保障部队。主战部队负责开着主战坦克冲锋，攻占山头；支援保障部队负责修理、加油、抬担架等，支援主战部队。就如同导弹的作战部分在弹头，后面的燃烧助推等都是支撑部分，目的是把弹头打到攻击目标上。在组织结构建设上，分清楚责任是非常重要的，只有精兵强将的主战部队搭配业精于勤的支援保障部

队，才能使代表处成为精兵组织。

4.3.3 代表处平台重兵化

华为军团是主导行业解决方案和市场策略的“野战军”，对市场目标、销售收入和格局牵引负责，走精兵化的道路。代表处是地方，负责管理投标、合同签订、交付执行、财务结算等业务。为构建全功能、承载军团的现场作战管理模式，代表处平台开始实行重兵化，即扩大代表处的权限，做强代表处。

2019 年，任正非在运营商 BG 组织变革方向汇报会上的讲话中指出，代表处是公司的作战中心。要让听得见炮声的人有权力，一定要给前线作战部队交战的权力，有条件的代表处系统部是“弹头”，其他业务也可以直插基层，进行支援。代表处拥有“自主决策权”，要把一些成熟产品的经营管理权直接下放到代表处作战中心去，让它们直接决策，自己掌握分寸，亏了赚了都是它们的责任。

面对 ICT 基础设施、终端、数字能源、云计算、智能汽车解决方案、芯片等多业务发展的格局，华为持续优化组织阵型。随着军团的成立，华为更多地强调向代表处授权；有节奏地在全球推行“合同在代表处审结”变革，实现代表处自主经营；下一阶段将开始探索代表处综合业务变革。

【案例】加强代表处授权，推动“合同在代表处审结”

2018 年，华为发布了试点文件《合同在代表处审结的试点方向与改革要点（试行）》。文件中提到，合同在代表处审结试点改革的目的是激发代表处在内外合规的基础上，“多打粮食，增加土地肥力”，提高人均贡献

的主观能动性，并将代表处建设成“村自为战、人自为战”的一线经营堡垒。通过改革试点，逐步实现“机关手放开、管好钱，一线放开手、用好权”“钱要体现公司意志，权要听得见炮声”的运作优化意图。

2019 年 1 月，华为正式在阿根廷和哥斯达黎加代表处进行试点；2021 年，华为在海外市场开始推动“合同在代表处审结”变革；2022 年，华为全面推进“合同在代表处审结”。“合同在代表处审结”需要用 5 ~ 10 年来最终实现，是一个缓慢的推进过程。

要做到“合同在代表处审结”，那么很多能力就必须构建在代表处，使代表处可以合理地高配干部，实行重兵化。除资金管理、账务管理、审计与内控仍然由中央集权外，华为要将更多的经营决策权下放到作战组织，同时也要加强子公司监管队伍的建设，让作战团队有权、有责、有利，自己制约自己，避免发生风险。

4.4　后方大平台全力支撑

企业后方机关的平台，要及时、准确、有效地完成一系列调节，调动资源和力量，为一线输送“弹药”和“炮弹”。华为的销售、交付、服务、财务都是通过远程支援的。

4.4.1　后方支持服务要联勤化、共享化

2012 年，时任轮值 CEO 的徐直军曾表示，未来 5 ~ 10 年，公司将致力于行政改革，通过将责任与权力前移，让“听得见炮声的人呼唤炮火”。如此便可以推动机关从管控型，向服务、支持型转变，形成一个适应现代需求的现代化管理企业。

华为专门设立了平台协调委员会，以推动平台各部门的执行运作优

化、跨领域运作简化、协同强化，逐步打造支撑公司不同业务发展的共享服务平台，使平台组织成为公司管理的抓手和“围绕生产、促进生产”的最佳服务组织。

针对后方平台服务前方，任正非提出要建立后方和前方的信任体系，也就是说，后方平台要改变过去的定位，给前方提供的支持服务要联勤化、共享化，提高效率和效益。

联勤化就是要求后方联合所有业务，提供联勤服务。前方负责往前冲，在需要支持服务时，只需要打一个电话或者发一封电子邮件提出需求，后方依据前方的需求指令，协调各部门的资源，为前方快速提供支持。后方要将协调困难留给自己，而不要让前方协调后方各种资源。比如，对于企业的市场人员来说，抱怨最多的往往是协调难，为了解决一个问题，经常要给这个打电话，给那个打电话，最后还有可能得不到解决。对此，任正非指出，这就不是联勤，这样不仅效率很低，而且后方的官僚之风会越来越严重。

共享化就是前方能够与后方平台共享资源，也就是后方要在提供服务的同时提供资源。华为针对交付、服务、财务管理、供应链管理等确定性业务，建立了平台制和共享制。

联勤化、共享化的信任体系，为华为的前后端信息传递提供了及时、有效的支持与服务。例如，以前权力和资源都集中在后方，前方往往因为担心后方不给资源，就把交货周期提前半个月。现在权力在前方，后方在提供资源时会和前方讨论，且双方相互信任，后方能确保准确、准时发货，前方则不会提前要货。如此一来，不但存货系数会下降，而且后方不会增加半个月的运作压力。

后方平台通过云端交易平台（GTS）、投标中心、IT平台、行政平台等，为BG、军团、代表处等提供支持与服务，实现高效作战。

4.4.2 重构协作模式，驱动数字化联合作战

2022 年 6 月 15 日，陶景文在华为伙伴暨开发者大会上发表了主题为《跨边界协同，共建企业数字生态》的演讲。他在演讲中分享了华为在数字化转型过程中的一些思考：

“未来的数字化企业是一个开放的系统，企业要考虑如何利用全球先进的技术，整合企业内外生态的资源，为客户提供更好的服务。同时我们也意识到未来的数字化企业是有边界的，面临着生产要素要在内部和上下游生态间有序的流通，以及要去面对数据主权保护的矛盾。我们需要协同伙伴和开发者共同实现突破边界的创新，围绕着数据、能力、协作和文化四个方面，开放引入，形成未来企业的数字化解决方案和服务，形成一个企业的数字化战斗力；同时我们也要思考如何协同企业的开发者和伙伴，共建企业数字生态，共同构筑企业面向未来的高质量竞争力。这是我们实现企业数字化的核心目标。”

【案例】运营系统重构协作模式，数据驱动数字化联合作战

从 2016 年开始，华为全面推进数字化，实现了公司的数据清洁，识别了公司 1400 多个业务对象，3 万多个数据实体。华为在公司各级组织之间成立了数据管理部，打通了数据在公司之间的有序流通，明确了数据的责任人和组织，把数据作为集团公司的统一资产。在过去五年数字化的过程中，华为在 400 多个公司成功推行了数字化的智能指挥平台——IOC，共享了 2.7 万多张卡片和 7 万多张报表，使它们基本实现了基于数据的实时决策及风险控制，为它们提供了更加准确、及时的数据。

华为过去的运营系统基本上是一个基于报表的 BI（数据分析）系统，是一个事后的报告系统。如今，华为希望通过运营系统重构，实现协作模式的创新，实现“车同轨，书同文”，构建基于数据驱动的数字化联合作战。未来的数字化运营系统是一个覆盖业务全流程（包括事前、事中、事

后综合的业务决策和业务管理）的系统，有业务监控、业务预测、业务预警、业务协调、业务调度、业务决策和业务指挥七大职能。

未来的运营系统可以被比喻成一个一体化的作战部队，有三个重要的角色：

（1）数字指挥官：类似于业务 CEO 或者业务的核心管理团队，负责从数据中发现问题、寻找机会，用数据指挥作战。将数字指挥官真正地用起来，是对数字化最大的帮助。

（2）数据科学家：负责将系统中大量的离散数据变成有效数据，即找到数据之间的关联关系和价值。

（3）业务作战人员：负责具体业务的协同调度。

在一个数字化运营体系中，需要由数字指挥官、数据科学家、业务作战人员三个角色来共同实现作战目标，形成一个团队内“人人为经营做贡献”的氛围。

企业要做好数字化转型，实现数字化联合作战，需要行业合作伙伴的大力支持，只有集众智、聚众力，实现“车同轨，书同文”，才能共同跨越行业和技术之间的裂谷，成就企业面向未来的高质量竞争力。

4.4.3 共建数字平台，快速响应需求

陶景文认为，未来的数字化企业是一种“平台 + 服务”的模式，强大的数字化平台加上百花齐放的服务，共同形成面向未来的竞争力。

【案例】共建企业数字平台，多云多租异构多模，快速响应业务诉求

从 2016 年开始，华为打造了一个数字化服务平台——鸿源云道，围绕企业的标准场景构建了业务数字化的使能平台。强大的平台化服务，可以提高企业运作效率，快速响应企业业务需求。该平台包含四组核心能力：

一是业务的使能能力，比如业务的构建及 CICD（持续集成、持续交付、持续部署）、运行环境的能力等；二是资源和连接的服务能力，比如如何形成一个企业的物联网、产业互联网，如何利用多种云服务资源的能力等；三是构建企业安全可信的能力；四是智能运营的能力。

平台采用开放、异构、可插拔的技术架构和 BBP（开发、采购、合作伙伴）的建设策略，针对华为标准的 68 个业务场景形成了场景化的服务模板，包括连接了 600 多万套的生产办公装备，接入了全球 7 个不同的公有云的 200 多种云服务，调用、整合了 300 多种商业软件和 1800 多种开元组件，形成了 15 大产品，为企业的数字化进程提供了有效的支撑。

该平台基于元数据多租的能力实现了 ITaaS（IT 即服务），让华为多样性的颗粒业务，包括行业公司、区域分公司等的研究所，都形成这种租户的能力。截至 2022 年 6 月，华为已经对 8 个不同的颗粒业务实现了开租服务，有 3 万多名开发者共同为华为提供相应的服务，让所有华为相关企业传承并继承了华为过去 30 多年的经验和实践。

企业要想真正做好数字化转型，除了要有一个强大的数字平台，还要对整个数字化的基础设施进行全面的升级：首先，要构建产业互联网的能力、云技术的能力，对传统的 IT 从业务逻辑到基础设施“烟囱式”的服务进行全面升级；其次，要打造现代化的应用，沉淀通用能力，实现低代码、零代码的快速复制，实现可组合的业务应用系统，快速、低成本地支撑业务的成功；最后，要群策群力，在供给端提供技术的同时，行业端要沉淀相应的能力，共同去跨越行业和技术之间的裂谷。

【案例】组合能力应对变化，共建标准化可复制的业务服务

在 2022 年华为云开发者大会上，陶景文表示，实现可组合业务能力的关键是标准化的封装，要识别出一个企业在各个业务体系内基础原子的核

心业务能力，形成标准化的模板。华为的实践是沿着 8 个方向构建核心业务能力的，首先是平台数字化服务能力，也就是人们所熟悉的后台或者中台，要构建一个集团层面的、统一的平台化服务。

华为在应对美国的打压过程中，逐步实现不同产业之间颗粒化的运作，努力让华为 30 多年达到的治理水平、流程运作的质量、数字化 IT 服务的水平不降低，并且能在各个颗粒之间实现有效的复制。

过去的 IT 系统普遍都是单体的应用，业务能力跟 IT 的实现、软件数据库基础设施是强耦合的关系；而业务一旦剥离，只能拷贝代码重新部署，或者重建一套，业务的数字化水平参差不齐。

在过去三年里，华为对 33 个关键的业务系统进行了可组合的应用现代化能力的改造，实现了在华为的分拆并购。目前，华为已经对 150 多种核心业务能力进行了识别，并将每种业务能力进行了可组合的标准化封装。华为有 1400 多种企业业务元数据，元数据驱动的多租架构是快速在租户间实现业务能力复制扩展的关键。基于此，华为形成了面对不同的区域子公司、行业子公司及研究所的不同模板，以适应不同场景的差异化业务诉求。

其中，华为军团的成立就是模板复制的结果。在一年多时间内，华为成立了 20 个军团，并针对每个军团选择什么业务流程、采用什么 IT 服务，制定了相应的模板方案，可以实现快速的复制和灵活的扩展。

在 ICT 领域，华为有丰富的制造技术、信息处理和数字化转型的实践经验，形成了一套以数字技术实现业务运行的有效模式。华为正在以技术优势寻求与开发者、企业伙伴及各个领域的跨界合作，共同创建智能化的平台与服务，推进千行百业的数字化转型。

第 5 章
强化技术使能

华为通过组建军团，联合伙伴深入行业、聚焦场景、以技术为核心整合资源，更高效地为客户提供场景化解决方案，技术使能全球开发者及合作伙伴，建立共创、共享、共赢的生态圈。

5.1　对技术整合的考验

在后疫情时代，行业数字化进入“深耕”阶段，而“深耕数字化”对技术整合提出了更高的要求。华为企业 BG 副总裁陈帮华表示，华为通过成立军团，进一步聚焦行业和深入场景，为行业找技术，持续打造适配场景的 ICT 产品；发挥多技术融合优势，打造产品组合解决方案，把简单留给客户，把复杂留给自己，助力行业数字化转型。

5.1.1　技术整合是关键

华为作为一家高科技公司，有数字化技术，但缺乏各个行业的技术，因为行业技术通常掌握在头部企业的手中。因此，华为必将面临三大挑战：一是头部企业行业技术与自身技术的整合壁垒，比如商业机密不愿共享、整合后的话语权归属等；二是技术整合后的二次分配，即利益要如何划分；三是华为在行业数字化进程中的角色定位，比如做哪些、不做哪些，都要对伙伴们有所交代。

在这三大挑战下，华为提出应对之道，即坚持“有所为，有所不为”。华为企业 BG 总裁丁耘表示，数字化转型时代也是大机会时代，但是华为不做机会主义者，坚持“有所为，有所不为”。

华为将持续聚焦主航道——软硬平台（复杂的硬件平台、软件和算法平台），加大平台产品的研发投入；通过军团的运作，联合更多的解决方案伙伴，使能伙伴差异化创新，将行业技术和自己的软硬平台技术融合，打造万物互联的智能世界，更好地坚持“有所为”。

2021 年 12 月，欧盟委员会公布了 2021 年欧盟工业研发投入记分榜（见表 5-1）。据欧盟委员会统计，在 2020—2021 年度研发投入前十的企业中，谷歌母公司以 224.70 亿欧元位居榜首；华为公司以 174.60 亿欧元位居第二，成为中国唯一进入榜单前十的企业。在 2020 年欧盟工业研发投入记分榜中，华为还位居第三，2021 年则超越了微软公司。

表 5-1 2021 年欧盟工业研发投入记分榜

排 名	公 司	国 家	行 业	研发投入（亿欧元）
1	谷歌母公司	美国	信息通信技术生产	224.70
2	华为	中国	信息通信技术生产	174.60
3	微软	美国	信息通信技术服务	168.82
4	三星	韩国	信息通信技术生产	158.95
5	苹果	美国	信息通信技术生产	152.82
6	Meta（原 Facebook）	美国	信息通信技术服务	150.33
7	大众	德国	车辆与零部件	138.85
8	罗氏	瑞士	医药	112.47
9	英特尔	美国	信息通信技术生产	110.47
10	强生	美国	医药	99.09

在“有所为”的同时，还要“有所不为”。集成不是华为的追求，被集成才是华为面向政企市场的长期战略。同时，华为参与特定行业的少量集成，也是为了与伙伴共同探索，积累能力，最终支持伙伴做集成。

在华为政企合同中，伙伴签约占比一直保持在 90%；2021 年，签约占比上涨 5%，达到 95%。同时，华为长期鼓励并支持伙伴为客户提供安装实施服务。2020 年，伙伴自交付率已经达到 82%；2021 年达到 86%。下面是华为政企合同伙伴签约率及自交付率增长情况（见图 5-1）。

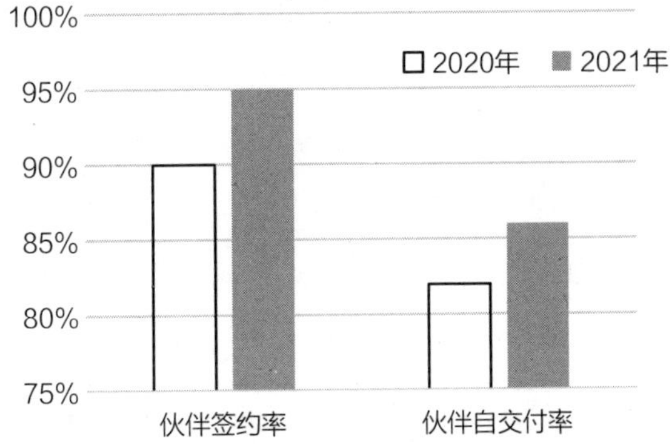

图 5-1　华为政企合同伙伴签约率及自交付率增长情况

【案例】华为联合软通智慧建设智慧城市

2021 年，华为与软通智慧合作升级，联合开展了吉安智慧城市建设项目（以下简称“吉安智慧城市项目”）、北京市人社民生政务项目（以下简称“北京人社民生政务项目”）以及扬州市市域社会治理现代化指挥中心管理平台项目（以下简称“扬州市域治理项目”）建设，通过市域现代化治理手段进行城市智慧化升级，提升民生服务质量（见图 5-2）。

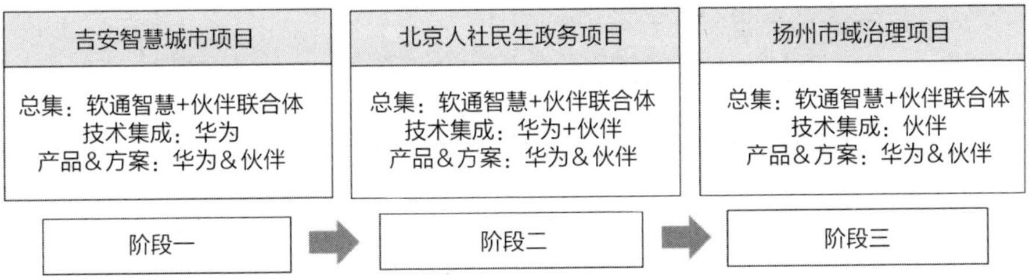

图 5-2　华为 + 软通智慧合作项目

在第一阶段合作的吉安智慧城市项目中，做总集的是“软通智慧 + 伙伴联合体”，华为在其中孵化技术集成能力；在第二阶段合作的北京人社民生政务项目中，华为和伙伴联合做技术集成，其中主要的技术集成由伙伴负责，华为聚焦部分架构的看护工作；在第三阶段合作的扬州市域治理项目中，由于伙伴经过前两个阶段的项目积累，已经具备独立技术集成能力，因此华为将技术集成全部移交伙伴，自己则专注于做好产品与解决方案。

大厦不是一天建成的，也不是一个人可以建成的。智慧城市的建设作为人工智能技术最大的应用场景，其结构复杂，需要全产业链通力合作，不同角色相互协同，才能承担好智慧城市建设的责任。华为一直秉承“参与集成，帮助伙伴积累能力”的理念，逐步将能力完全传递给伙伴，实现伙伴做集成，华为被集成。

5.1.2 与行业高校、研究所合作

随着《“十四五”数字经济发展规划》印发，我国迎来数字化大发展。与行业高校、研究所联手，既能实现技术资源的高度协同，又能掌握行业技术密码，从而实现以行业发展为场景的数字化赋能。

在这样的大势所趋下，华为集结行业高校、研究所技术资源，统一战略共识，共同定义“大问题”，推进“产学研用”深度融合，助力行业数字化升级。

【案例】华为与中国矿业大学签署全面合作协议

2021 年 4 月 23 日，华为与中国矿业大学（以下简称“矿大”）在华为北京研究所签署全面合作协议，达成校企科研创新技术、人才培养等多范畴、全方位的合作共识。

在中国煤炭工业智能化转型升级的大背景下，矿大作为一所百年名校，始终紧跟国家及行业的战略发展，将智能采矿工程、应急技术与管理、人工智能、大数据管理与应用等新工科专业作为未来学科建设、人才培养的重点方向，为国家培养众多能源行业创新人才。

华为拥有领先的 ICT 与 5G 等技术优势，可以在智慧矿山、智慧应急、智慧教育等方面与矿大共享资源，合作培养战略性的工程技术人才，推进“产学研用”深度融合。华为通过建设“华为 ICT 学院——创新人才中心”，促进校企双方共赢发展，为煤炭行业数字化转型注入新能量。

人才是企业发展和创新的核心动力。在“产学研用”的合作模式下，高校可以与企业相互促进，联合培养人才，为企业和研究所输送源源不断的新生力量。

鲲鹏、昇腾的开发者数量已超过200万人。华为联合教育部开展了智能基座产教融合项目，将鲲鹏、昇腾、欧拉等的关键技术融入高校教学。截止到2022年6月，智能基座产教融合项目聚焦首批72所高校，赋能了3000名教师，开设了1500门课程，覆盖了超过30万名学生，逐步成为理工科专业学生的必备技能。

除了联合行业高校、研究院培养人才，华为还通过赞助和开展科技竞赛的方式，提出与产业相关的高质量技术难题和挑战，在开阔学生视野的同时，培养学生理论与实践相结合的能力。此外，华为还会在竞赛中发掘优秀人才，为企业所用。

【案例】“黄大年茶思屋”：全天候、开放的科学与技术交流平台

2022年4月30日，华为黄大年茶思屋科技网站正式上线。据该网站介绍，黄大年茶思屋科技网站是一个不受物理位置的约束，线上线下无缝连接的、全天候的、开放的科学与技术交流平台。该网站聚焦学术领域的探索、开放和思辨，集合各个领域的专家学者、科研团队及工业界展开思想碰撞和学术交流，促进“产学研用”的协作共进。

“茶思屋”是国际知名战略科学家、我国著名的地球物理学家黄大年取的名字。每当科研遇到困境时，他就会在茶思屋里喝下午茶，让自己慢下来，想一想。黄大年认为，轻松愉悦的环境能使人更好地进行思想交流。

黄大年茶思屋的主要作用：

（1）通过学术热点和精选论文，共享学术前沿趋势、分享学术成果，

呈现全球科研智慧。

（2）通过咖啡茶话，共享原汁原味的学术交流活动和专家观点，连接全球科研思想。

（3）通过 STW（华为与业界探讨未来行业发展及技术演进的研讨会），参与全球重量级技术峰会，分享重大技术机遇与变革。

（4）发布技术难题，聚合最强大脑，展开技术合作。

（5）观看全球顶级的科技赛事，了解产学研合作的最新成果。

黄大年茶思屋是任正非一手打造的前沿思想沟通平台，“一杯咖啡吸收宇宙能量，一间茶思屋汇聚庞大思想群”。黄大年茶思屋不仅在线上运营，还在华为公司、各地科技园、清华大学和四川大学等陆续开门迎客。

华为借助与行业高校、研究所的深度融合，科技竞赛、茶思屋的外脑引入，使技术伙伴遍布全球，充分实现了技术资源的高效整合。

5.1.3　进一步加大技术投入

从 2019 年 5 月开始，华为历经四次美国的打压，步入因芯片受限，手机业务断崖式下跌的困境。战略方向也从原来的“剑指全球第一”调整到如今的“有质量地活下来”。近几年，华为在不断坚守和自救、积极拓展新业务的同时，也为突破目前面临的芯片困境，在构建自主可控产业链的路上越走越快。

2019 年，华为建立了自己的产业投资平台——哈勃投资。哈勃投资（以下简称“华为哈勃”）包括两大主体：2019 年 4 月成立的哈勃科技创业投资有限公司，以及 2021 年 4 月成立的深圳哈勃科技投资合伙企业（有限合伙），其经营范围只有一项——创业投资业务。华为哈勃已累计投资了 65 家公司，囊括芯片设计、检测装备、半导体材料等领域。

在华为的投资进程中，“设计类”企业是最早的一批。华为哈勃倾向于

投资 Fabless、Fablite 和 IDM 运作模式的公司，而较少投资 Foundry 运作模式的公司。

【知识点】半导体芯片行业四种运作模式（见表 5-2）

表 5-2 半导体芯片行业四种运作模式

序 号	运作模式	特 点	典型企业
1	Fabless	只负责芯片的电路设计与销售，将生产、测试、封装等环节外包	高通 博通
2	IDM	集芯片设计、制造、封装和测试等多个产业链环节于一身	三星 德州仪器
3	Fablite	介于 IDM 和 Fabless 之间，在晶圆制造、封装及测试环节均采用自行建厂和委外加工相结合的方式	东芝 海力士
4	Foundry	只负责芯片制造、封装或测试的其中一个环节，不负责设计	中芯国际

2020 年 9 月，华为面临无芯片可用的处境，这让华为意识到只有设计远远不够。于是，华为哈勃开始在材料设备领域投资布局。

从 2020 年底开始，华为哈勃在材料设备领域的投资数量加速上涨（见表 5-3）。2020 年，华为哈勃投资全芯微电子和鑫耀半导体两家公司；2021 年，华为哈勃先后入股本诺电子材料、杰冯测试、费勉仪器和晶拓半导体四家公司。

表 5-3 华为哈勃在材料设备领域的投资名单

公司名称	哈勃参与	投资时间	业务概况	备 注
晶拓半导体	战略融资	2021-12-06	研发半导体、LED 和平板显示领域的臭氧系统解决方案	设备相关
费勉仪器	战略融资	2021-11-24	精密仪器公司	设备
杰冯测试	战略融资	2021-10-08	半导体企业专用设备制造	设备
本诺电子材料	战略融资	2021-02-24	产品广泛应用于电子组装和半导体封装	材料

续表

公司名称	哈勃参与	投资时间	业务概况	备　注
鑫耀半导体	战略融资	2020–12–11	半导体材料砷化镓及磷化铟衬底（单晶片）的研发和生产	材料
全芯微电子	战略融资	2020–11–23	半导体装备及工艺解决方案提供商	设备

此外，华为哈勃还投资了一些偏早期的碳化硅材料公司，同时也在积极布局半导体材料光刻胶、光刻机以及 EDA（电子设计自动化）软件领域。频繁的投资行动，让华为上下游的半导体产业链投资版图逐渐浮现出来。

在构建自主可控产业链的进程上，华为仍在持续加大投入。2022 年 4 月，华为对深圳哈勃科技投资合伙企业（有限合伙）（以下简称“深圳哈勃”）的注册资本从 45 亿元增至 70 亿元，增幅约 55.56%。

经过此次注资（见图 5-3），深圳哈勃第一大股东华为技术有限公司的出资额从 31.05 亿元增至 48.3 亿元，华为终端（深圳）有限公司的出资额从 13.5 亿元增至 21 亿元，哈勃科技创业投资有限公司的出资额从 4500 万元增至 7000 万元。但三大股东对深圳哈勃的持股比例仍然为 69%、30%、1%。

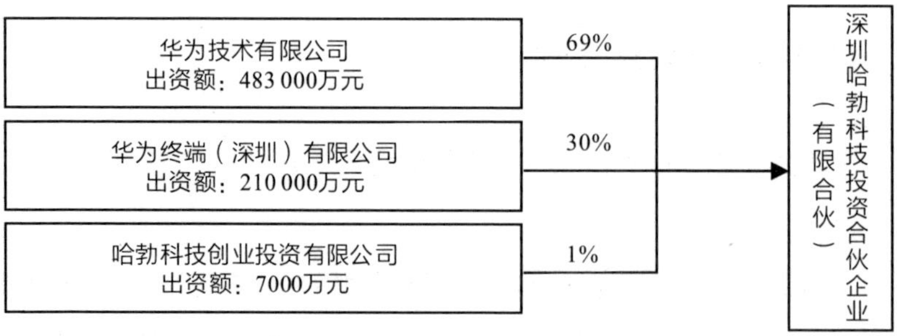

图 5–3　深圳哈勃三大股东及股东持股占比

从 2019 年成立时的 20 亿元到 2022 年的 70 亿元，深圳哈勃的注册资本已增加 50 亿元，增幅为 250%。这也意味着，华为在半导体产业链上的布局和投入进一步扩大。

华为之所以能放心大胆地扎根半导体领域，离不开国家利好政策的支持。2020 年 8 月 4 日，国务院印发了《新时期促进集成电路产业和软件产业高质量发展的若干政策》，针对集成电路产业和软件产业，制定出台了财税、投融资、研究开发、进出口、人才、知识产权、市场应用、国际合作八个方面的政策措施。

构建自主可控的半导体产业链，实现芯片的自给自足，不是短时间的事情，而是一项长期、系统性的工程。在国家政策的支持下，华为联合产业链的伙伴们通过整合技术资源，共建产业新生态，对掌握芯片的主动权有一定的促进作用。

5.2 强化技术作战能力

要想真正地为行业场景化创新提供技术支持，专家们要走近客户、贴近具体的业务场景，坐在办公室里空想是行不通的。为此，华为鼓励内部专家走出去，到一线去强化技术作战能力。

5.2.1 将科学家团队推向一线

人才要素是所有生产要素中最具能动性、创造力的，军团的竞争力归根结底是人才的作战能力。

为了做深做透一个垂直领域，华为将分散在不同部门的各类专家集结到该领域的军团中，使其直接面对客户，提供专项解决方案。军团的核心在于，将做基础研究的科学家、技术专家、产品专家、工程专家、销售专家、交付与服务专家汇聚在一个部门，参与一线作战。

华为军团的运作模式相较于原来的模式，发生了非常大的变化，因为每个行业涉及的知识都不是单一的，而是由点及面的。

以煤矿军团为例。煤炭行业是一个涉及 26 个学科知识的行业，全国大大小小 5300 多个煤矿的地质条件和自动化程度完全不同。一个合格煤矿的诞生需要整合的信息，来自地质学家、地理学家、机械专家、自动化专家、普通工人、投资者、环保技术公司及政府等的集体贡献。

同时，作为一支面向战略扩张、战役攻关、向各地代表处赋能的精干队伍，仅掌握高超的技术远远不够，还需要深入行业场景，以客户需求为核心，将技术转化为解决方案，真正地为客户解决问题。

华为强调经验大量来自实践，因为实践是检验真理的唯一标准。华为设立了专门的“夜校”，加入军团的每一位科学家都要学习行业教程、参加考试且必须过关。另外，“毕业”了的各类专家要亲赴一线，实地下矿井，切实深入了解行业。

【案例】“苹果公司的经理们应该是他们管理领域的专家”

史蒂夫·乔布斯曾在 1984 年的一次采访中透露，为了更好地发展，苹果曾经雇用了一批专业的管理人员，但事与愿违，这些专业的管理人员虽然很懂管理，却对所管理的专业领域一知半解。于是，他信奉“苹果公司的经理们应该是他们管理领域的专家”。一个领域的专家，更能“嗅到”问题所在。他们知道哪些细节重要，明白应该将注意力集中在哪里，能够比一般的职业经理人提供更好的指引和辅导。因此，可以说，专研各自领域的经理们对苹果的运营方式影响深远。

任正非笃定，专家不能坐在办公室里当“将军”，要到一线去，充实一线队伍，要去“打粮食”。只有包含行业所有的专业人才，具备一线独立作战能力，才能称为军团。

5.2.2 算法研究与工程开发不分家

任正非曾表示，军团模式的运作源于谷歌，华为军团要向谷歌军团学习，对商业工程负责，为公司多产粮食。

为什么要向谷歌军团学习？《纽约时报》中曾提到，拥有3万多名员工的微软公司却在产品创新上比不过只有2000多名员工的谷歌公司。两者主要的差距在于，虽然微软公司有700多名做算法的博士研究员，但是他们的研究和工程开发严重脱节，研究的部分技术无法应用在工程开发中；而谷歌的研发组织采用的是军团模式，没有设置专门的部门，将研究、开发、市场、用户全面打通，让研发直接面向一线市场和用户，应用价值相对较高。

【案例】谷歌“博士军团”——算法研究与工程开发不分家

谷歌的“博士军团”是将高素质的博士集中在一起，使算法研究和工程开发不分家。

谷歌认为好东西的竞争力更强，溢价能力也更强。博士不仅有较好创造力，还有较高的工作自觉性。为此，谷歌会尽可能地招募动手能力强的博士，“杀鸡用牛刀”。

在谷歌，没有严格意义上的研究部门，开发人员在遇到实际问题时，因为没有研究部门可以依靠，只能自己动手。这使得谷歌的工程师不仅要会写程序，还要会做研究。如此一来，这种模式产生了双重收益：一是消除了研究与开发的“部门墙”，使研究和开发不脱节；二是提高了开发效率。

这种高效率的研发模式让任正非受到启发。任正非希望算法研究员不要只是埋头做研究，把自己关在深宫大院里面，要直接杀到项目中，在战场上立功。

当然，华为和谷歌的军团模式不完全相同（见图 5-4）。谷歌的研究工程不分家，是指开发人员遇到问题自己研究，起点是工程开发博士，上触研究，下达产品。华为军团的研究工程不分家，是指算法研究必须懂工程开发的规则才能施工，工程开发必须和算法研究的流程相配合。只有指挥员深入一线，和士兵们在一起，才能同步最新的战术思想与战况。华为军团的起点是算法研究博士，让算法研究博士当将军、打头阵。

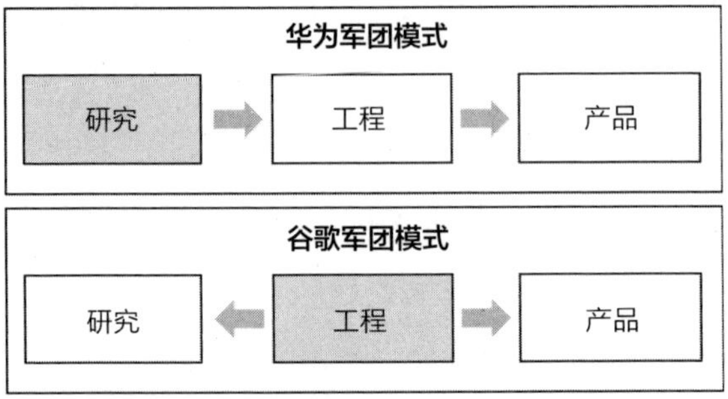

图 5-4　华为军团模式和谷歌军团模式对比

华为的军团模式在谷歌军团模式的基础上适配自身特性后做了调整。两者有所区别的原因在于人才储备的不同。华为军团模式顺利发展与推进的关键因素在于优秀人才的汇集。

5.2.3　汇集优秀人才和优势资源

国家强起来要靠创新，而创新要靠人才，企业亦然。

如今，华为在人才方面面临最大的挑战是如何在竞争激烈的人才市场中吸引顶尖的科技人才，以及如何将专业人才与业务场景融合，让企业人才成为数字化生态建设的“领头羊”。

华为轮值董事长郭平曾公开表示，解决华为长期生存和发展的问题，靠的是人才和突破，所以华为会持续地加大对人才，特别是顶尖人才的吸纳和吸引。为此，华为快速突破国家、地域的限制，总结了 ICT 行业最具

挑战性的课题，吸引全球优秀的人才一起来探索和攻克，让“天才”成群而来。

【案例】世界级难题吸引世界级人才

2022年4月26日，在第19届华为全球分析师大会上，华为轮值董事长胡厚崑说:“在华为，谈到创新，我们首先想到的是顶尖人才。我们希望用世界级的难题，吸引世界级的人才，来共同迎接挑战，推动科学和技术的进步。”

华为战略研究院院长周红将世界级难题具象化，提出了两个基础科学问题和八个前沿技术挑战（见表5-4），前者包括认知世界和认知自身两个维度，后者包括新接口、新健康、新软件、新通信等八个维度。华为鼓励、支持“天才们”大胆提出假设、愿景，积极探索。

表5-4 华为面向未来的十个问题和挑战

类别	维度	课题
基础科学问题	认知世界	机器如何认知世界，能不能建立适合机器理解世界的模型
	认知自身	如何理解人体的生理学模型、八大子系统的运行机制，以及人的意图和智能
前沿技术挑战（系统工程、硬件、软件等问题）	新接口	新的感知和控制能力，脑机、肌机接口，3D显示，虚拟触觉、嗅觉、味觉
	新健康	如何连续、无感知地测量人的血压、血糖和心跳，能不能通过强人工智能发明化学药、生物药和疫苗
	新软件	发展以应用为中心，面向价值与体验的高效率、自动化和智能化软件
	新通信	接近和扩展香农极限，实现区域级和全球级的高效、高性能连接
	新计算	创造高适应性与高效率的计算模式，非冯·诺伊曼计算架构与非传统部件，发展可解释和可调试人工智能
	新材料	通过智能计算发明新的分子、催化剂和器件

续表

类　别	维　度	课　题
前沿技术挑战（系统工程、硬件、软件等问题）	新制造	发展超越传统 CMOS（互补金属氧化物半导体）制造的技术，达到更低成本、更高效率
	新能源	发展出安全、高效的能源转换和储能，提供按需服务

在会议前一天，华为公开了“天才少年”的招募标准：不限学历，不限学校，要求应聘者在数学、计算机、物理、材料、芯片、智能制造、化学等相关领域有特别建树，并有志成为技术领军人物。华为为应聘的“天才少年”提供“世界级挑战性课题”，同时为其提供全球化的视野、平台、资源，以及超高的薪酬。

华为有 700 多名数学家、800 多名物理学家、120 多名化学家、6000 多名专注于基础研究的专家，以及超过 6 万名工程师。在数字化转型的浪潮下，华为提出了新的人才需求：ICT 专业能力和业务场景相结合的复合型人才，尤其是能在行业领域深度应用数字化技术的跨界人才。这也是任正非为研究前沿科技的科学家们设计的第二条路——专家的道路，拿着“手术刀”参加华为“杀猪”“挖煤”等商业化战斗。

面对供不应求的 ICT 人才市场，华为选择用“生态伙伴精英赛”的方式，将懂行的人找出来、造出来。

【案例】华为生态伙伴精英赛

华为生态伙伴精英赛源于 2013 年的合作伙伴“大比武”。赛事分为生态伙伴赛和华为员工赛，全面覆盖售前、售后、销售、商务财经、联合解决方案、华为云等各个业务领域。

华为举办生态伙伴精英赛的目的在于以赛促学，搭建一个促进生态伙伴学习互助、深入交流的平台。同时，华为通过科学的赛程赛制、丰富的

竞技形式和多元的赛事内容，找出和造出懂技术、懂行业的专业人才。

任正非表示，公司在聚焦的业务领域作战，需要一支强大的队伍，所以要敢于吸收国内外人才，只有拥有足够水平的兵力，才能集中优势打赢"歼灭战"。

生态伙伴精英赛已经成为华为人才生态的"黑土地"。通过这类赛事，华为为中国ICT领域发掘和培育了众多的优秀人才。

5.3 在业务场景中创新

为进一步使能行业数字化转型，深度理解客户业务需求，重构客户体验，华为将数字技术"扎根"于行业场景，与业务流程深度融合。

5.3.1 以产业发展需要创造需求

哈佛商学院教授克莱顿·克里斯坦森曾提出颠覆性创新理论，认为创新驱动增长的关键在于以产业发展的需要创造客户需求，即以客户体验为中心，将对供给侧的关注转变为对需求侧的关注，提供有针对性的产品设计与服务。

《中国数字经济发展白皮书（2022年）》显示，2021年我国数字产业化规模为8.35万亿元，同比增长11.9%，占数字经济比重为18.3%，占GDP比重为7.3%，数字产业化发展正经历由量的扩张到质的提升转变；产业数字化规模达到37.18万亿元，同比增长17.2%，占数字经济比重为81.7%，占GDP比重为32.5%，产业数字化转型持续向纵深加速发展。可见，数字经济已成为当前最具活力、创新力、辐射最广泛的经济形态，是中国未来经济发展的突破口。

2019 年 8 月，华为发布面向 2025 年十大趋势，认为数字化智能世界正在加速而来：

（1）全球 14% 的家庭将拥有自己的机器人管家。随着 5G、人工智能、物联网等信息技术的发展，教育、家政、健康等服务行业，将出现护理、管家、社交等机器人，给人类带来新的生活方式。

（2）采用 VR/AR（虚拟现实 / 增强现实）技术的企业将增长到 10%。以 5G、VR / AR、机器学习等新技术使能的超级视野，将赋予人类新能力，帮助人们突破空间、表象、时间的局限。

（3）智能个人终端助理将覆盖 90% 的人口。受益于人工智能及物联网技术，智能世界将简化搜索行为和搜索按钮，给人类带来更加便捷的生活体验。

（4）C-V2X（蜂窝车联网）技术将嵌入全球 15% 的车辆。智能交通系统可以将行人、驾驶员、车辆和道路互联互通，有效地规划道路资源，实现零拥堵和紧急规划虚拟应急车道。

（5）每万名制造业员工将与 103 个机器人共同工作。人工智能机器人可以处理高危险、高重复性和高精度的工作，它们无须休息、不会犯错，有利于提高生产力和安全性。

（6）97% 的大企业将采用人工智能。人工智能、云计算等技术的融合应用，将大幅度促进创新型社会的发展。

（7）企业的数据利用率将达 86%。随着人工智能、大数据的应用与发展，企业与客户的跨语种、跨地域沟通将更为便捷和高效。

（8）全球所有企业都将使用云技术，而基于云技术的应用率将达到 85%。未来，数字技术与智能能力将逐渐以平台模式被世界各行各业广泛应用。企业之间开放合作，共享全球资源。

（9）全球将部署 6500 万个 5G 基站，服务于 28 亿个用户，58% 的人口将享有 5G 服务。大带宽、低时延、广连接的需求正在驱动 5G 的加速商用，将渗透到各行各业。

（10）全球年存储数据量将高达 180ZB。华为呼吁全球加快建立统一的数据标准、数据使用原则，并鼓励推动建设第三方数据监管机构。

华为企业 BG 总裁丁耘在华为伙伴暨开发者大会上提到，我国数字产业化 GDP 占比与发达国家基本一致，但产业数字化部分，也就是 ICT 与传统行业相结合的部分，与发达国家仍存在一定差距。所以，我国在产业数字化领域还有非常大的发展空间。

如今，产业数字化面临的已经不是“要不要做”的问题，而是“该如何做”的问题。华为认为，需求是可以被创造的，要以产业发展的需要创造客户需求。工业时代的关注点在于供给侧，产业时代的关注点在于需求侧。供给侧强调我们能提供什么，需求侧强调客户需要什么。真正的需求创造者会将所有的时间和精力投入需求侧，实现从供给侧向需求侧转变。

2016 年，马云提出“新零售”的概念，简单来说，就是利用互联网，将线上线下的渠道打通，使线上交易与线下体验相结合，通过现代物流，为消费者创造全时段、多场景、高效率的消费体验。

在这一概念提出前，消费者自己可能都没有想过会需要这样的消费体验。但是，当盒马鲜生在全国的店面接连落地，天猫改造完成了 20 万个新零售智慧门店时，消费者立刻被这种新的消费体验所吸引。之后，很少有人再怀疑新零售的前景。

如今，腾讯的智慧零售、京东的无界零售等，各大互联网企业纷纷加入这场新零售争夺战。

优秀的企业满足客户需求，伟大的企业创造客户需求。在产业数字化高速发展期，企业想要取得突破性发展，必须在加强技术攻关的同时，抓住机遇，大力创造需求。

5.3.2　理顺业务流程，集结能力

华为一直倡导“从客户中来，到客户中去”的流程化企业管理方式，用流程将重复的、大量的、复杂的工作标准化。为此，华为建立了三大业务系统（见图 5-5），即 IPD（集成产品开发）、LTC（从线索到回款）、ITR（从问题到解决），对多元化业务进行标准化管理，让企业逐步摆脱对人的依赖。

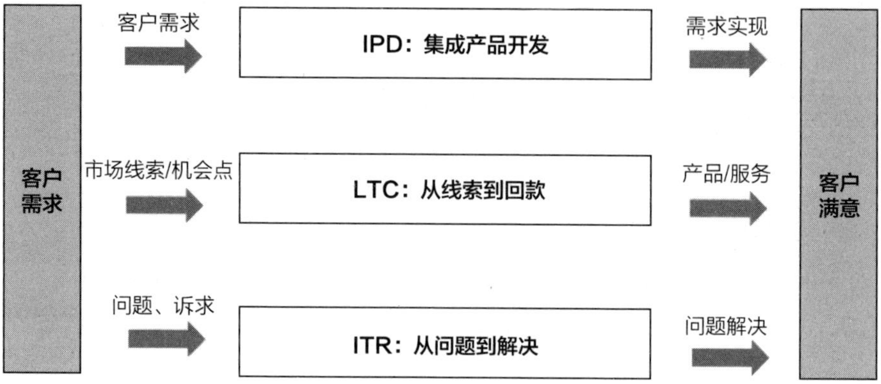

图 5-5　华为三大业务系统

客户决定业务，业务决定流程，流程决定组织。在践行“把数字世界带入现实生活，构建万物互联的智能世界”的道路上，华为遇到了新挑战。华为 CIO（首席信息官）陶景文曾谈到，在业务部门和技术部门协同的过程中，业务部门先提出需求，然后与技术部门开会，梳理清楚需求后，由技术部门对需求进行规划排期，开发完毕再交给运维人员做好保障。整个流程运作下来，各部门看似分工明确、流程顺畅，但实际上是有问题的：第一个问题是周期长，人力和时间成本高，比如业务部门会向技术部门提出各种需求，如果每一个需求都按这样的流程进行响应，紧急的需求就变得不紧急了；第二个问题是技术部门和业务部门之间出现“部门墙”，彼此隔离，各扫门前雪。

军团组织的出现是华为对内部业务流程的重新梳理，解决的是一纵一

横的问题。在纵向上，技术研发组织深入业务场景，挖掘客户痛点；在横向上，军团就像“泥鳅”，钻过各个职能平台，将它们拉通，快速响应客户数字化转型的需求。

华为的煤矿军团共约200人，其强调短链条运作，同时拉通了产业基础研究、产品研究、市场交付等职能，快速响应行业需求（见图5-6）。

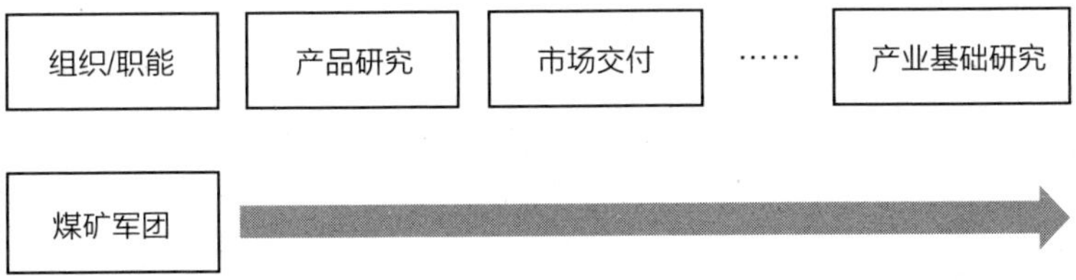

图5-6 煤矿军团的横向职能拉通

尽管华为已经有各种横向拉通的组织（BG、产品线、项目组等），但是华为和客户的合作模式已经由单一产品的合作转变为产品组合和解决方案的合作，也就是说，华为面临的行业场景和客户需求纷繁复杂。军团组织可以在更大程度上促进组织内部的横向拉通，集结各方资源，提高流程的运作效率。

5.3.3 做好行业解决方案的样板工程

随着数字化经济的发展，行业市场进入新的发展阶段——从原先单一的产品需求到如今的行业解决方案需求。华为组建军团，聚焦特定行业，掌握行业技术诀窍；站在客户视角，建立行业解决方案的样板工程，积极探索行业数字化转型创新。

以交通行业为例，数字技术无处不在。比如，人们通过手机App就能随时随地购买火车票、飞机票；扫一扫二维码，就能乘坐公交、地铁。作用于交通行业的信息技术，让人们告别了现场排队的购票时代。但如今交

通行业的数字技术仍处于未成熟的阶段，存在一些盲点，比如交通拥堵、事故多发、定位不准确等。于是，交通行业新一轮的数字化变革迎面而来，华为已踏上综合大交通的新征程。

【案例】华为综合大交通解决方案

交通的整体规划和建设水平可以直观反映一个国家的综合国力，交通行业的数字化升级已成为交通行业面临的新问题。

2020 年，华为联合生态伙伴，面向交通行业市场正式推出综合大交通解决方案——将 5G、云计算、大数据、人工智能为代表的 ICT 与业务场景深度融合，通过“旅客出行一张脸”“货运一张单”“运行一张图”，实现未来综合大交通数字化愿景（见图 5-7）。

智慧交通数字立方的核心是一个综合大交通，*X* 轴代表全生命周期数字化，*Y* 轴代表全业务流程数字化，*Z* 轴代表全业务架构数字化。

1 个大交通：综合大交通发展蓝图。

2 个数字化：基础设施数字化和业务流程数字化。

交通数字化包括基础设施数字化（Digtazation）和业务流程数字化（Digitalization）两个层次，其中基础设施数字化是业务流程数字化的前提和基础，而业务流程数字化则是打通“断点”“堵点”，解决痛点、难点问题的关键。

3 个业务流：乘客流、货物流、载具流。

交通行业包括乘客流、货物流、载具流 3 个业务流。首先，面向乘客流，提供个性化、差异化、更便捷的出行体验是交通行业永恒不变的追求；其次，面向货物流，流畅的货物运输可提高物流效率，降低社会成本；最后，面向载具流，将人、货、路、车、场、站等元素关联起来，可实现资源与需求的匹配和优化。

4 大领域：规划、建设、运营、经营。

交通行业的数字化赋能应渗透到规划、建设、运营、经营 4 大领域并

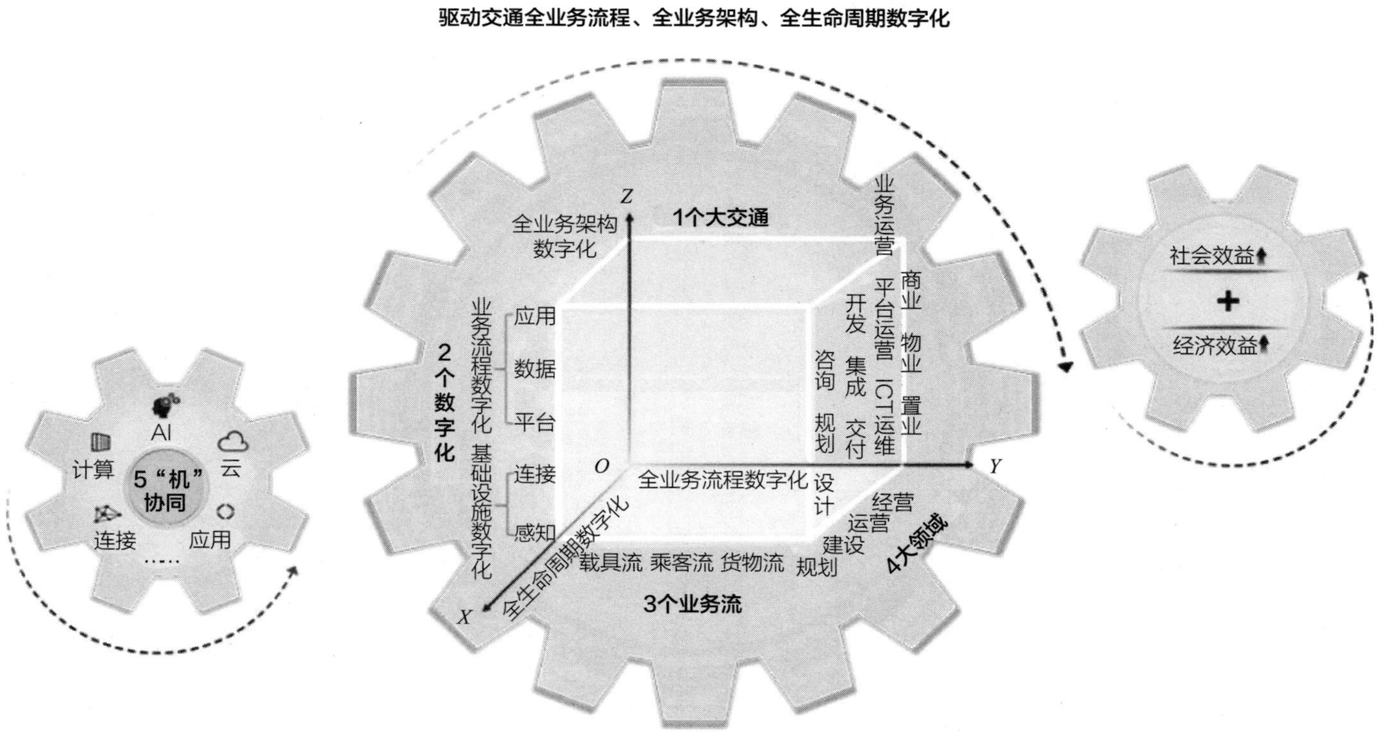

图 5-7　一体化综合大交通：未来交通蓝图[1]

① 彭中阳，王国钰. 大交通时代：行业数字化转型之道 [M]. 北京：电子工业出版社，2022.

进行全生命周期的统筹部署和迭代创新，每个阶段均需进行缜密的规划并充分利用数字化技术。规划、建设、运营和经营 4 大领域要实现全流程打通，才能获得完整的数字化洞察，辅助规划决策，实现全流程、全场景、全要素的综合调度运营，验证和探索创新的经营模式。

总的来说，“1 个大交通”是数字化愿景目标，后三者是数字化实现路径。以深圳智慧机场为例。华为基于 5“机”协同，联合业界顶级解决方案伙伴，通过整合终端设备、数据治理、行业应用等，构建了航班业务流、机位分配、地勤保障等细分场景化方案。2019 年，深圳智慧机场减少摆渡超过 260 万人次，安检效率提升 60%，给客户带来了高效、便捷、安全以及卓越体验。

一些特定行业的数字化需求大且复杂，是数字化转型的“排头兵”。华为将数字技术和头部企业实践相融合，携手全球伙伴，打造行业解决方案的样板工程，赋能千行百业。

5.4 整合技术生态，融慧赋能

华为秉承开放、协作、利他的生态意识，坚持“平台 + 生态”双轮驱动的发展战略，整合技术生态，使能合作伙伴，为客户创造最大价值。

5.4.1 开放与融合，使能合作伙伴

开放与融合是企业发展的大趋势。在数字化经济形态下，企业只有加强开放融合，构筑生态合作伙伴体系，才能实现商业共赢。

华为与合作伙伴的关系历经两个关键阶段：

第一阶段（2018—2019 年），华为与合作伙伴之间存在比较明晰的业

务界限。华为与合作伙伴共同维护一个覆盖前期咨询规划、中期落地实施、后期运营运维等环节的完整的应用场景解决方案。其中，华为承担基础设施等通用平台的建设，合作伙伴则负责解决方案的实施和运维。

第二阶段（2019 年至今），使能伙伴做集成，华为被集成。随着华为进一步踏入数字化需求的“深水区”，行业属性越来越明显，场景要求越来越高，华为面临的都是诸如工程效率提升多少个点、管线威胁事件识别率要高达多少等问题。华为发现，长此以往，很难将精力聚焦在自己擅长的领域，于是开始寻找并使能具备咨询规划、技术集成、产品研发、辅助运营等能力的“总集”伙伴。这样既能保证项目交付及时、专业，又能让华为将精力聚焦在 Offering[①] 等事项，做好解决方案。

2021 年，华为军团开始陆续成立。有人问企业 BG 副总裁陈帮华是否会改变华为与合作伙伴的关系？对此，陈帮华称，华为和合作伙伴的关系和定位不会发生本质变化，华为和合作伙伴在细分场景的融合将会变得更为紧密。

华为企业 BG 总裁丁耘在华为伙伴暨开发者大会上表示，华为通过硬件开放、软件开源、装备供应的方式，加大使能合作伙伴的力度，强化华为与伙伴联合开发能力（见图 5-8）。

在硬件开放方面，华为通过开放鲲鹏、昇腾、光、无线等技术能力，优先支持合作伙伴发展服务器和 PC 等计算产品，使能伙伴差异化创新。

以昇腾为例，其合作伙伴数量已超过 500 家。其中，硬件合作伙伴超过 20 家，推出的产品都已规模商用；人工智能框架昇思 MindSpore 社区下载量超过 166 万次，同比增长了 4.5 倍；开发者数量达到 75 万人，同比增长了 1.5 倍；解决方案数量超过 1000 个，同比增长了 3 倍。

---

① 2021 年 5 月华为中国政企业务网公告显示，华为用 Offering 代替模糊的数字化转型概念，即面向 L1 级客户提供领先的信息与通信技术，面向 L2 级客户提供行业场景化的产品组合能力和云、管、边、端架构的能力。因此，本文此处不做中文翻译。

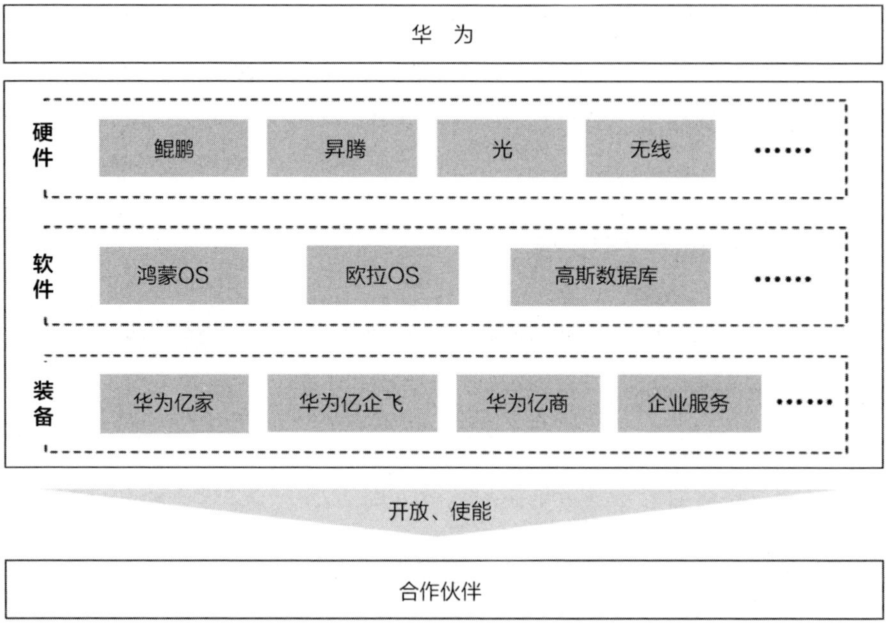

图 5-8　华为使能合作伙伴举措

在软件开源方面，华为逐步把鸿蒙 OS、欧拉 OS 和高斯数据库等一系列软件开源，使能伙伴开发出自己的操作系统，发展自己的品牌产品，让能力共享，生态互通。

2021 年 9 月，华为将鸿蒙开发套件开源。国家能源集团联合万泰、联力科技等 30 多个伙伴，在短短 3 个月内，共同开发出了矿山领域的首个物联网操作系统：鸿蒙矿山操作系统（以下简称“矿鸿”）。如今，矿鸿已经应用在神东煤炭集团的 4 个矿场、1 个洗选中心，支持 60 多种设备和 15 款以上的芯片。矿鸿的快速落地，充分体现了软件开源汇聚创新力量的巨大作用。

在装备供应方面，华为于 2022 年开始打造支持伙伴高效作业的 IT 装备体系，为其提供更高效的作战工具，构建“归一化、千人千面、极致体验”的一站式作战平台，加大包括营销支持、全自主交易、自主自助服

务、能力提升等模块装备的开放，使能伙伴协同作战。

“一枝独秀不是春，百花齐放春满园”。华为提供技术，使能合作伙伴，跨越行业和技术之间的鸿沟，开放共赢。

5.4.2 与生态伙伴合作共赢

当产业结构发生非连续的变化、跨界融合成为主旋律时，生态发展和合作共赢显得更加重要，尤其是在 To B（面向企业）领域，好的生态体系能加速创新，让合作更科学、更合理、更有序。

华为一直提倡要坚持被集成的战略方向不动摇，多样化的客户需求由生态伙伴独立承担，自己则专注于军团客户连接平台和算力平台的开发与推广，与合作伙伴一起打造生态、做强生态。

华为公司轮值董事长胡厚崑表示，在数字化转型的浪潮下，无论企业规模大小，云都将成为其数字化转型的基本底座。华为将过去 30 多年来本企业及其所接触客户的数字化转型经验沉淀在华为云上，希望合作伙伴们也能将能力沉淀在华为云上，与更多的用户进行连接与共享，让华为云成为一个能力沉淀、价值分享的平台。

为进一步加强生态吸引力，华为云发布了合作伙伴计划及激励政策，包含已经正式发布的华为云解决方案提供商计划、华为云分销计划、华为云合作伙伴销售激励政策，以及即将发布的沃土云创计划、服务解决方案伙伴计划、星光计划、云转型服务伙伴计划、云商店计划等十几项合作伙伴计划。

随着新的合作伙伴计划及激励政策的推出，华为云新合作伙伴体系（见图 5-9）闪亮登场。新合作伙伴体系以能力为核心，具体包含 1 个身份、8 种角色、2 个框架，全面加速伙伴成长。

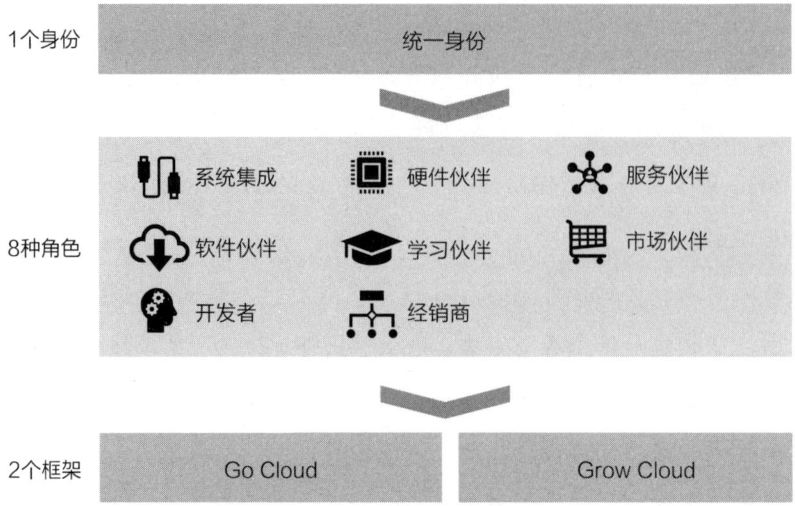

图 5-9 华为云新合作伙伴体系

1 个身份：伙伴注册成为华为云合作伙伴之后，将获得 1 个统一身份，后续可使用此身份与华为云开展所有的业务合作。

2 个框架：在统一身份下，华为云根据合作场景，确定选择 Go Cloud 和 Grow Cloud 框架。Go Cloud 鼓励伙伴基于华为云构建丰富的解决方案与服务，培育与发展伙伴能力；Grow Cloud 鼓励伙伴扩大华为云销售规模，扩大市场空间，加速增长，实现共赢。

8 种角色：华为云依据伙伴能力设计了 8 种角色，分别是系统集成、软件伙伴、服务伙伴、硬件伙伴、学习伙伴、开发者、经销商、市场伙伴。每种角色对应不同的发展路径，伙伴可根据自身业务发展方向，选择不同的角色进入合作框架。

2022 年 6 月，华为伙伴暨开发者大会透露，华为云伙伴数量已超过 3.8 万家，开发者数量超过 302 万人，伙伴在华为云云市场上架的应用数量已达 7400 多个。华为云 CEO 张平安称，预计到 2022 年底，华为云将布局全球 29 个区域、75 个可用区，覆盖 170 多个国家和地区。

如今，生态体系已成为科技巨头征战 To B 市场的利器，IBM、微软、

谷歌、阿里巴巴等公司都提出了自己的生态合作伙伴计划。

【案例】IBM 升级业务合作伙伴计划，推动合作伙伴数字化转型

2020 年 5 月 5 日，IBM 公布了升级后的业务合作伙伴计划——PartnerWorld。

新版业务合作伙伴计划将合作框架扩展为三大模块：构建、服务和销售，新增了构建和服务两个模块。每个模块都将提供定制化的产品与服务。IBM 表示，推出新版业务合作伙伴计划，旨在帮助伙伴及其客户抓住云市场这一重大机遇，快速获得收益，实现价值。

新版业务合作伙伴计划的内容包括新的激励机制、新的合作伙伴支持平台以及新的将云和认知计算结合起来的 IBM 合作伙伴包，助力合作伙伴在 IBM 云上快速学习，深化技术专长，扩展解决方案。

新版业务合作伙伴计划还提供了大量产品、服务和资源，帮助合作伙伴以新的方式发展业务和进入市场，其内容包括延长了重新加入业务合作伙伴计划的验证宽限期，提供了更多零成本融资的机会，提供了 90 天免费的 IBM 云和人工智能软件资源，承诺 100% 报销经过审批的数字联合营销活动费用，以及推出了免费的 My Digital Marketing（我的数字营销）平台，助力伙伴进行数字营销。

数字大潮风起云涌，云上生态领航疾行，万物互联已然发生。只有携手生态合作伙伴共同发展，构建共生、共赢的伙伴体系，企业才能获得最大生存和进化的机会。

5.4.3 汇聚全行业共筑生态繁荣

任正非曾表示，华为要坚持开放合作共赢，坚持与全世界公司共建生态、共享生态，坚定不移地拥抱全球化。

华为通过军团的运作，联合解决方案伙伴，发挥伙伴在交易与服务行业客户方面的优势。在更加高效地为客户提供解决方案、创造新价值的同时，也助力合作伙伴获得价值。

【案例】华为与中软国际联手，贡献数字化力量

2019 年 9 月 25 日，北京大兴国际机场正式运营，这是华为联合中软国际共同打造的机场数字化转型项目，助力北京大兴国际机场迈向“智慧机场 3.0”时代。

在北京大兴国际机场的建设过程中，华为提供云和 ICT 底层能力，基于云计算、移动互联、物联网、多媒体融合通信、SDN（软件定义网络）技术等领先 ICT，利用自身行业数字化转型经验，为机场提供数字化、网络化、平台化、可视化、智能化的信息平台。

中软国际则负责上层数据平台的咨询、建设、实施。作为国内大数据技术服务的领军企业，中软国际凭借成熟的数据工程化能力和在航空领域丰富的实践经验，向下接入来自上百个复杂业务和管理系统以及来自多个异构网络、数以万计通信和控制设备的数据，向上服务航班保障、旅客管理、安全安防、商业管理、能源管理、综合交通、空侧运行等关键业务应用，支撑广泛协同、实时共享、态势感知、主动安全等智慧机场能力。

在这个项目中，华为和中软国际实现了技术和行业专知的协同配合，为北京大兴国际机场提供了全面、高效的数字化转型解决方案和服务。

作为华为第一大软件合作伙伴，中软国际在为客户创造价值的同时，其自身的业务也取得了阶段性的进展。2021 年，中软国际总营收同比增长 32%，云收入在总收入中的占比已达到 29%。随着数字化市场需求的扩大，中软国际的云收入占比将进一步提升。

【案例】构建金融生态圈，共筑产业新生态

为保障金融行业的可持续发展，助力金融机构的数字化转型，华为围

绕金融行业核心业务场景，与金融行业合作伙伴共建金融开放生态。

（1）华为与神州信息联合打造的新型银行关键业务系统解决方案，实现了神州信息核心业务系统与华为硬件和软件充分适配，打通了关键业务应用向新型基础软硬件环境迁移的实践路径。

（2）华为与长亮科技构建了全面的、端到端的融合数据湖解决方案，协助银行客户建立了大数据能力中心，将数据应用于风控和营销的各个领域。

（3）华为与科蓝软件联合打造的互联网金融解决方案，满足了互联网金融高并发、大交易量处理、弹性扩展、全天候的需求，同时实现了业务快速迭代和创新。

（4）华为与北京先进数通联合发布的金融中间业务云解决方案，聚焦于作为银行利润新增长点的中间业务，旨在帮助金融行业客户实现业务的敏捷开发、资源的弹性部署及统一管理。

（5）华为与文思海辉共同打造的金融数据仓库平台联合解决方案，满足了新环境下金融机构海量数据、超高并发、实时计算、形式多样的数据处理需求，并且完美兼容客户既有的传统数据仓库体系增长点。

另外，华为还与众多合作伙伴共同打造了基于鲲鹏算力底座的联合解决方案。未来，华为将与更多合作伙伴一起完善生态和场景，共筑金融产业新生态。

【案例】华为智慧公路军团：与战略合作伙伴共建智慧之路

2022 年 5 月 13 日，华为与东南大学、北京瑞华赢科技发展股份有限公司（以下简称“瑞华赢”）、北明软件有限公司（以下简称“北明”）以及北京易华录信息技术股份有限公司（以下简称“易华录”）在深圳举行战略合作协议签约仪式。

东南大学是国家“985 工程”和“211 工程”重点建设大学、世界一流大学建设 A 类高校，也是全国交通学科 A+院校、交通领域科研与人才基

地。学校在智能交通领域及学科建设方面处于国内领先地位，同时在国际上具有重要影响力。

瑞华赢是国内专业的智能交通领域投资、建设运营商，是中国首批从事智能交通行业的国家级高新技术企业。

北明和易华录是智能交通核心技术、产品和服务企业，致力于智能交通领域的技术研发和应用，构建满足客户需求并符合城市实际交通状况的智能交通服务体系。

按照华为监事会副主席、企业 BG 总裁丁耘的说法，本次与东南大学、北明、瑞华赢、易华录的强强合作，是华为企业 BG 生态发展过程中的重要里程碑，也是华为智慧公路军团与公路行业伙伴战略合作的重要里程碑。华为将整合自身 30 多年的 ICT 基础设施能力，与合作伙伴一起打造场景化的解决方案，共建行业新生态，加快智慧公路建设，提升公路的安全、效率和体验，扩大市场机会，实现合作共赢。

生命不息，合作不止。仅 2022 年 7 月底到 8 月初，就有多家上市公司在互动平台表示与华为建立长期战略合作伙伴关系，其行业生态涉及金融行业、数字政府、数字城市、汽车行业及数字能源领域等。

根深才能叶茂。华为坚定不移地投入计算产业，聚焦数字转型的底层工作，将上层应用交给有意愿、有能力的合作伙伴；汇聚全行业，共同打造联合方案，共筑生态繁荣，实现合作共赢。

第6章
做深做透行业

华为军团的历史使命是用数字化技术使能千行百业，进一步把行业做深做透，快速响应客户需求，推动行业数字化转型。

6.1 强化战略洞察力

随着 5G、云计算、人工智能、物联网等新一代信息技术的快速发展，数字化转型已成为企业的“必选题”，被提上了企业战略规划的日程。

6.1.1 数字化转型的困境

数字化转型是一个利用先进的信息与通信技术，将业务与技术进行有效融合，提高企业数字化运营水平，实现业务增长的过程。

成功的数字化转型可以成为企业业务增长的新抓手，其核心价值主要体现在以下三个方面（见图 6-1）：

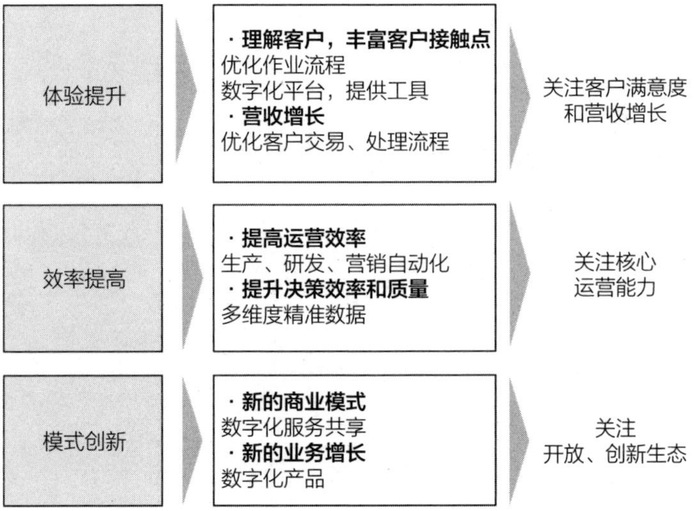

图 6-1 数字化转型的三大核心价值

第一，体验提升。企业通过精准的数据分析可以更好地理解客户，从而优化客户作业流程。企业可以利用数字化平台，为客户提供工具，自助

满足客户需求，丰富企业与客户的接触点，提高客户满意度，进而提高企业营收。

第二，效率提高。先进的数字化技术可以提高企业在研发、生产、营销等环节的自动化水平，提升运营效率；多维度、更精确的数据能帮助企业缩短决策链条，提高决策效率和质量。

第三，模式创新。随着业务和技术的融合，企业会产生新的商业模式和运营模式，带来新的业务增长机会。在互联互通的数字化平台下，企业可实现精兵作战。

因此，数字化转型被众多企业所青睐。但是，虽然转型愿景美好，现实却很残酷。国家信息中心通过大数据的抓取，发现“平台、竞争力、人才、成本、困难”等词伴随着“数字化转型”一词高频出现。可见，企业在数字化转型过程中面临诸多困境。

笔者根据服务企业的实践结合埃森哲对 30 多家企业的高管的深度访谈，总结出企业在数字化转型中面临的三大困境：

（1）迷失方向，缺少战略支撑。

部分企业没有找到适合自身转型的着眼点，没有明确的方向与路径图；部分企业的数字化战略与业务发展是“两条线，两层皮”，企业的发展战略对数字化的部署没有起到指导作用。

（2）能力难建，推行阻力大。

企业原有的系统、制度和流程无法支撑数字化转型的推进，在原有的基础上调整可能会出现难以兼容、打破重建成本较高、损失难以预估等情况；企业缺少数字化转型人才，无人引领推动。

（3）技术脱离业务，价值难以实现。

企业在推进数字化转型过程中仅考虑技术的应用，没有与业务紧密相连。最典型的现象是，技术团队与业务团队独立经营，技术部门不懂业务，升级的技术脱离业务主体，对业务没有应用价值。

“自己生产的降落伞自己先跳”，华为在 2016 年正式启动数字化转型战

略。在6年多的时间里，华为作为解决方案的提供者和先行者，在这些问题上摸索、积累了一些实践经验。

6.1.2 行业数字化转型之路

在华为看来，数字化转型是一场全新的变革，想要成功，企业需要在意识、组织、文化、方法和模式五个方面进行改变。华为作为企业数字化转型的标杆，其数字化转型的框架可以概括为一套方法、四类场景、三个平台（见图6-2）。

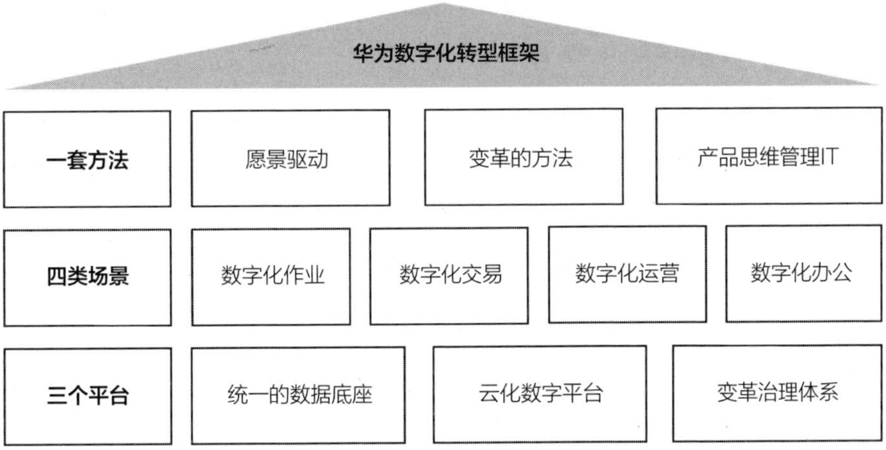

图6-2 华为数字化转型框架

一套方法：一套方法贯穿规划、项目实施落地、IT产品迭代等过程。

四类场景：在数字化作业、数字化交易、数字化运营、数字化办公四类场景中，进行业务重构。

三个平台：构建统一的数据底座、稳定的云化数字平台、成熟的变革治理体系三个能力平台，为数字化转型提供支撑。

（1）一套方法贯穿转型全程。

用愿景驱动规划。规划作为数字化转型工作的起点，应由愿景驱动，

需要对准企业长期发展战略，站在未来的视角，明确商业模式、市场定位和核心竞争力。只有对准业务发展战略，明确客户需求，才能准确识别数字技术给企业带来的发展前景，进而按优先级规划变革项目。

用变革的方法确保项目实施落地。在变革过程中，人的能力和意愿是变革的核心。华为通过推动一把手主导、消除利益干系人阻力、组建变革项目组等方式，辅以沟通、教育、培训等手段提升组织变革能力及意愿。

视 IT 为投资，用产品思维管理 IT。IT 产品需要持续承接业务变革、优化和运营的诉求，主动进行产品规划；组建业务和 IT 一体化团队（华为军团组织），让业务人员懂 IT，IT 人员懂业务，用产品化的思维进行数字化运作。

（2）四类场景重构业务运作模式。

数字化作业场景。华为通过数字技术，连接作业过程中的全要素，让业务过程和结果线上化，业务规则数字化；优化或重构业务流程，提高流程运作效率。

数字化交易场景。华为从客户角度出发，对交易流进行数字化改造，使交易双方实现在线智能对接，缩短交易链条，提高交易效率。

数字化运营场景。华为借助数字技术优化组织运作模式，打破组织边界，实现跨部门横向协同。同时，它借助大数据技术辅助管理层进行科学决策。

数字化办公场景。华为打造数字化办公平台，提升员工体验，提高组织办公效率。

2021 年 3 月，巨型货轮“长赐号”在苏伊士运河搁浅，将整条河拦腰截断，造成了苏伊士运河堵塞。

华为作为一家跨国公司，也受到了影响。通过数据查询，华为在当天就确认了有 28 艘船、400 多个货柜被堵塞，100 多个客户受到了影响。为了将损失降到最低，华为通过大数据，对空运、海运和铁路运输等数万条

路径和百万级组合做预案模拟分析，最终确定了最佳方案，即锁定中欧班列，从海运转向铁路运输。同时，提升欧洲工厂的收货和生产能力，对4000多张客户订单进行紧急补货，并及时和客户沟通协调。最终，将80%客户订单的延迟时间控制在2周内，使客户基本没有损失。

（3）三大平台提供保障与支撑。

夯实统一的数据底座。华为支撑数据入湖，建立数据连接，将数据加工成信息，通过服务机制确保数据在安全合规的前提下共享。

构建云化数字平台。华为依托华为云，沉淀通用的业务能力，让租户体验安全、敏捷、弹性的数据资源。

搭建变革治理体系。华为成立变革指导委员会，构建数字化领导力，承担变革投资、审批、指导、评估等职责。需要注意的是，在集团统一领导下，数字化转型必须由各领域的业务一把手主导。

华为的数字化转型是值得思考的实践标杆，其关键在于将强大的ICT与业务融合，实现端到端的物联网解决方案，全面升级业务运作模式和运营能力，从根本上改变传统的商业模式。

6.1.3 描绘行业发展蓝图

华为作为数字化转型的领跑者，以军团组织的形式，深入各行各业；通过输出行业白皮书，助力合作伙伴、客户快速地构建万物互联的场景化物联网解决方案。

物联网是在互联网和传统电信网的基础上延伸和扩展的网络，能在任何时间、地点，将各种信息传感设备与互联网结合起来，形成人、机、物互联互通的网络。物联网遍及智能交通、智能消防、环境监测、政府工作、公共安全、工业监测、个人健康等多个领域。华为已联合合作伙伴在交通、物流、医疗、能源、工业等领域陆续发布了行业白皮书。

以交通行业为例。2022 年 5 月，华为重磅发布了 FRMCS（未来铁路移动通信系统）白皮书，详细阐述了车地 Wi-Fi 6（第六代无线网络技术）网络通信方案、城轨云解决方案及其应用实践，为下一代铁路移动通信系统的规划和建设提供重要的参考和思路。

【案例】呼和浩特智慧城轨项目

2016 年 4 月，呼和浩特市提出并开始践行“云计算 + 城轨”的发展理念，用云计算、大数据技术为城市轨道交通提供地铁运营生产、企业管理、建设管理、运营管理以及资源管理等服务。从设计、建设、运营全环节搭建智慧云平台，实现信息化业务全覆盖及统一运维管理、安全管控。

华为作为该项目云解决方案的提供商，多次组织业内顶尖专家驻点办公，从单专业系统集中部署，到线路多专业系统集中部署，再到线网全系统集中部署，跟随业务需求持续完善城轨云方案，并召开了 4 次行业专家评审会，确保方案落地可行。

同时，为了保障呼和浩特城轨云方案能够真正落地与成功交付，华为与业界多家主流业务厂商在苏州 Open Lab 城轨生态实验室进行多阶段、多批次、长时间的测试。此外，华为还在呼和浩特市和林格尔县搭建了测试平台，根据项目的实际需求进行全仿真模拟测试。

最终，“城轨云”在呼和浩特地铁建设方面完成了平台部署，构建了生产中心云平台、灾备中心云平台、站段云平台。

中国城市轨道交通协会专家表示，智慧城轨项目在呼和浩特市的效益可观，其资源利用率可提升 50% 以上，前期投资节省 40% 左右，运营管理效率提升 30% 以上；利用基于“网间隔离、网内防护”的安全体系，其整个平台安全性可提升 80% 以上；通过主用中心、灾备中心及车站云节点三重保障机制，其业务服务可靠性可提升 50% 以上。呼和浩特市借助城轨云，在轨道交通的建设、运营和管理方面，实现了后来居上，也为未来城轨云的全面普及积累了宝贵的初创经验。

基于在ICT领域的长期投入和积累，华为厚积薄发。华为联合合作伙伴持续推出物联网在各个应用场景的解决方案，统一行业标准，描绘行业发展蓝图，助力合作伙伴、客户快速部署数字化转型工作。

6.2 快速适配变化与需求

数字经济的发展促使市场需求发生结构性变化，顺应并快速适配变化与需求，成为企业发展需要实现的新跨越。

6.2.1 缩短产业链条

任正非在第二批军团组建成立大会上表示，华为采取军团化的改革，就是要缩短客户需求和解决方案、产品开发维护之间的联结时间，打通快速简捷的传递过程，减少传递中的物耗和损耗。由此可见，华为希望通过军团的作战模式打破组织边界，集结研发、技术、销售等前后端部门资源，快速响应客户的业务需求，适配客户场景，缩短产业链条，实现精简高效的组织运作。

军团在华为内部具备高度的独立性和灵活性。每个军团都是一个平台，将基础研究、产品研究、市场交付组合在一起，快速适应业务需求。

【案例】华为电力数字化军团

为构建以新能源为主体的新型电力系统，实现“碳达峰”“碳中和”目标，电力、电网公司的数字化转型势在必行。

在此背景下，华为电力数字化军团应运而生。过去，华为能源业务部覆盖了电力、油气等行业，更多的是以销售光网络、数据通信等硬件产品为主；如今，华为电力数字化军团正在针对电力子行业的新需求推出更细

化的服务和产品。

华为电力数字化军团涉及内部、外部多个组织的横纵联动。电力数字化军团在纵向上，收缩了管理的长度；在横向上，拉通了华为诸多合作伙伴，缩短了产业链条。电力数字化军团是前端的行业型组织，具备更强的销售、服务能力以及一定的研发能力。华为的 ICT 产品解决方案、数字能源公司、海思和园区军团等是典型的后端产业型组织，承担着研发的职能。

当电力数字化军团面对客户的实际需求时，会快速整合后端产业型组织以及外部合作伙伴的解决方案，比如在安全、可信、可控等方面，销售海思芯片、终端产品；在软件解决方案方面，提出一套涉及发电、电网、运维服务等的 ICT 基础设施解决方案——“星火架构”。

华为电力数字化军团已帮助国家电网、南方电网解决了数字化资产管理、运维及现场作业等问题。以菏泽电网项目为例，其调控系统覆盖了 3.6 万户用户、14 座光伏电厂和 9 座地方电厂，新能源容量超过 17%。在分布式能源管控技术支撑下，消纳能力提升了 67%。

我们可以从电力数字化军团的运作模式中看到，华为通过改变自己的组织模式，缩短客户交付的距离，实现短链条产业运作与管理，为未来的“粮仓”打下基础。

6.2.2　加快产品进步周期

华为军团把做基础研究的科学家、技术专家、产品专家、工程专家、销售专家、交付与服务专家汇聚在一个部门，目的是缩短产品进步的周期，围绕重点行业的主要应用场景持续创新，加速数字化基础设施的建设与发展，在行业中多产“粮食”。

华为军团在组织设计上，调集了各类专家瞄准特定的行业冲锋，其地位与运营商 BG、企业 BG、消费者 BG 等同，但不涉及流程的重整，所

以，在产品研发上仍使用 IPD（集成产品开发）流程（见图 6-3）。

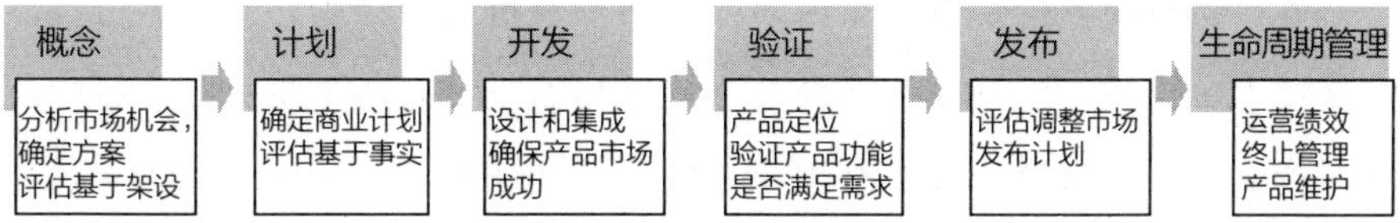

图 6-3 华为 IPD 流程

IPD 流程倡导的是用 90% 的时间充分调查需求设计方案，用 10% 的时间开发，一次把事情做对，把产品做好。IPD 流程将产品开发过程分成概念、计划、开发、验证、发布及生命周期管理六个阶段，每个阶段都有明确的目标，并且在流程中定义了清晰的决策评审点（DCP）和技术评审点（TR）。每个决策评审点有一致的衡量标准，只有完成规定的工作并达到质量要求，才能够到达下一个决策评审点。

基于市场和客户需求驱动的 IPD 流程，是将产品开发作为一项投资来管理的，可以使企业更有效地管理产品开发和新产品，以达到快速响应市场需求，缩短开发周期、上市时间，提高产品质量和竞争力的目的。

军团组织在 IPD 流程上发挥了自身的组织优势：缩短管理链条，提升响应市场和客户需求的速度，快速推动产品的上市和应用。

华为煤矿军团副总裁郭振兴描述了一个在短链条运作下的典型案例。

客户反馈，由于井下地面灰很多，摄像头很容易变脏，如果要保持镜头的干净，每隔三天就要把镜头清洁一遍，其工序十分烦琐，增加了工人井下作业工作量。在接收到这个客户需求后，煤矿军团第一时间在内部公开“悬赏”，结果发现，2012 实验室已经有人在研究这种“三不沾”的贴膜，并且这项贴膜技术已经做了 6 年时间。但在接收到这个需求前，研发人员并不知道该技术在煤炭行业有这么大的需求。在煤矿井下实验中，贴上这种贴膜的摄像头即使 49 天不清洁也可以看得清楚。这项技术正在逐步产品化。

郭振兴认为，虽然 2012 实验室不属于军团组织，但在军团模式的运作下，各军团组织可以将客户需求第一时间反馈给研发人员，让散落在各个角落的“宝贝”，更快地应用于行业。

同时，华为军团将 30 多年的研发经验使能客户，加快客户产品开发、上市速度。

例如，华为成立的第一个军团——煤矿军团，通过军团组织的高效运作，从需求调研到商用发布，仅用了 3 个月的时间，就联合客户推出了名为“矿鸿”的鸿蒙矿山操作系统；通过制定行业接口、协议标准，有效推动行业设备的数字化适配，解决了在煤矿作业环境下各式各样的设备联通问题，加快了煤炭行业数字化与智能化进程。

原来，天津港每年集装箱吞吐量近 2000 万箱，必须借助人工智能等技术手段才能应对复杂的作业计划。现在，天津港利用华为云上资源和人工智能求解器开发环境，可以将传统方式下人工智能应用的开发周期从 3 ~ 6 个月缩短至 2 ~ 4 周。

科技进步的速度加快，产业的迭代周期缩短。华为通过数字化转型，准确获取客户持续变化的产品需求并快速响应，加快产品进步速度。

6.2.3 强化创新成果的商业应用

社会在不断发展，技术在不断进步，创新是企业的必然选择，只有不断创新，才能为客户创造价值。创新作为企业核心竞争力和社会发展的动力，不应该只在实验室里，而应该投入商业市场，创造商用价值。

创新成果不能高高在上，脱离生产应用，它应该和市场在同一个方向上。企业如果不能把它们有效地结合起来，就会在竞争中处于劣势。

众所周知，美国在各个行业的科研投入稳居世界前列。根据美国国家科学基金会的数据可知，从1970年至2010年，美国科研投入（增加5倍）、博士人数（增加2倍）、学术论文发表（增加7倍）持续增加，而从产出端来看，科研成果的商业应用却不尽如人意。

自1970年以来，美国的企业、科研机构等主体面临着“孤岛化”的困境，即产业应用端与前端的基础研究衔接不畅，要素流动迟滞。大型企业和科研机构等各行其道，大型企业只侧重研发商业化应用型产品，科研机构和高校专攻理论研究。在行业竞争的多重压力下，美国的一些大型企业开始削减科研投入，通过入股、收购等方式间接向高校或初创企业购买技术专利。科研机构也纷纷脱离企业，自主研发。例如，1996年，贝尔实验室脱离AT&T（美国一家电信公司）成立朗讯科技公司；2002年，帕洛阿尔托研究所从施乐母公司分离成立独立的企业等。

尽管美国的创新生态不复从前，但在创新成果商业化的路程中，有一些标杆企业和科研机构（如贝尔实验室），对我国企业加强创新成果的商业转化具有一定的借鉴意义。

【案例】贝尔实验室的创新成果商业化机制

1996年，为美国乃至全世界的科技发展立下了汗马功劳的贝尔实验室，脱离AT&T，成立朗讯科技公司，接收了原实验室大部分的研究人员与创新成果。

朗讯科技公司为了让贝尔实验室的创新成果得到充分应用，成立了新事业开发部（New Ventures Groups，以下简称NVGs），推动创新成果商业化。它的运作流程如下：贝尔实验室定期将创新成果向公司展示，寻求各事业部的资金投入或进行技术转移；如果创新成果在一定周期内未被采用，NVGs将主动评估创新成果的商业价值。评估后，如果NVGs认为这项成果不值得投入商用，就会协助实验室将其对外授权，尽快获得财务回报；

如果被评估具备商业价值，NVGs 将逐步投入资金，促使技术成果商业化，待商业化完成后，可能再度以市场价格为公司内部其他事业部或者其他外部公司所购并采用。NVGs 推动创新成果商业化的过程主要包括以下四个阶段（见表 6-1）：

（1）可行性评估。这一阶段投入的资金不超过 10 万美元，运作时间控制在 3 个月内，主要目的是判断创新成果商业化的可行性。

（2）市场验证。这一阶段投入的资金不超过 100 万美元，需要在 1 年的时间内发展商业模式，完成产品开发、工程验证和市场测试。

（3）产品上市与市场发展。为了让新产品在市场上立足，这一阶段所需的资金和人力最大，NVGs 会采取策略联盟的方式，引进外部资金与人力，助力产品创造市场价值。

（4）价值实现 / 退出。NVGs 可以通过公司内部事业部并购、发行上市、对外出售、合资交换股权的方式，将商业化后的创新成果进行转移。

表 6-1　NVGs 推动创新成果商业化的四个阶段

阶　段	类　别	投入 X（美元）	运作时间	目的与策略
第一阶段	可行性评估	$X \leqslant$ 10 万	3 个月内	判断创新成果商业化的可行性
第二阶段	市场验证	$X \leqslant$ 100 万	1 年内	发展商业模式，完成产品开发、工程验证和市场测试
第三阶段	产品上市与市场发展	不限定的大额资金	不定	采取策略联盟的方式，引进外部资金与人力
第四阶段	价值实现 / 退出	—	—	内部事业部并购、发行上市、对外出售、合资交换股权

NVGs 的成立创新了技术商业化的运作模式，改变了创新成果仅限于事业部内采用的原则，让事业部不得不以积极的态度来评估创新成果，否则一旦被 NVGs 捷足先登，以后再想回购，将付出数倍的成本。

任正非曾经说过，要紧紧抓住产品的商业化，一切评价体系都要围绕

商业化来导向，促使科技队伍成熟化。拥有先进理论技术，并不等同于拥有价值，任何技术只有得到商业应用，满足市场需求，才具备商用价值。

【案例】极化码使华为成为5G领跑者

2018年7月26日，华为在深圳总部举办隆重的颁奖仪式，任正非为5G极化码（Polar码）发现者——土耳其埃尔达尔·阿里坎教授颁发特别奖项，致敬其为人类通信事业发展做出的突出贡献。百余名标准与基础研究领域的华为科学家和工程师也获得了表彰。

举办这次表彰会的缘由可以追溯到2009年。刚入职不久的华为5G首席科学家童文，在一份研究报告上发现了阿里坎教授2008年的学术研究——极化码：在信号高速传输的过程中，让不同的信道呈现不同的属性，便可依次让“噪声”和“消息”对号入座，得到一组相对精确的信息。不过，当时的极化码仍属于理论上的解决方案，从未进行过实践论证。童文觉得可以试试，于是向华为投资委员会申请了6亿元资金投入研究，以证明极化码的5G商用价值。后来，华为有数百名工程师参与了该项目的研究测试。

2016年，全球顶尖的通信专家们在国际无线标准化机构3GPP（第三代移动通信标准）第87次会议上，讨论5G的标准解决方案。在经过一番激烈的辩论后，华为的极化码击败了高通的低密度奇偶检查码、法国的Turbo 2.0，成为控制信道编码的处理标准。这是中国企业第一次打破欧美企业在通信领域的垄断地位，获得了5G的话语权。

童文不仅证明了极化码的商用价值，还让它成为全球5G标准之一。华为能够取得如此非凡的成就，离不开包括童文在内的数百名华为通信专家的厚积薄发，以及华为对团队不遗余力的支持与信任。作为研究人员，最大的心愿莫过于见到自己的研究构想成为现实；作为技术型企业，最大的成功莫过于将创新成果商业化，让创新成果有价值地可持续发展。

创新成果商业化是技术创新在业务端价值最大化的体现。华为提供的场景化综合解决方案是将创新成果与业务求变相结合，释放技术潜能，将创新成果不断商业化的过程。

6.3　提供综合性解决方案

华为持续释放技术红利，联合伙伴整合资源、跨领域协同，为客户提供场景化的综合解决方案。

6.3.1　以 5G 赋能业务场景

5G 被称为第五代移动通信技术，是具有高速率、低时延、大连接特点的新一代宽带移动通信技术。在数字化进程中，5G 作为快速崛起的新兴技术，对业务场景的赋能不可或缺。

在 5G 领域，华为的技术傲视群雄。华为高级副总裁蒋亚非在 2022 年世界电信和信息社会日大会的开幕式上发表主题演讲并透露，华为 5G 基站建设数量已经超过 120 万座。已知全球 5G 基站的数量总共约 220 万座，可见，华为 5G 基站的全球份额已经超过 50%。华为作为 5G 的引领者，于 2020 年发布了 5G 十大应用场景（见表 6-2），并在 5G 的应用上贡献了比较成熟的解决方案，助力企业在 5G 时代找到适合自己的发展之路。

表 6-2　5G 十大应用场景

序　号	应用场景	具体内容
1	云 VR/AR	实时计算机图像渲染和建模
2	车联网	远控驾驶、编队行驶、自动驾驶
3	智能制造	无线机器人云端控制
4	智慧能源	馈线自动化

续表

序　号	应用场景	具体内容
5	无线医疗	具备力反馈的远程诊断
6	无线家庭娱乐	超高清视频和云游戏
7	联网无人机	专业巡检和安防
8	社交网络	超高清 / 全景直播
9	个人人工智能辅助	人工智能辅助智能头盔
10	智慧城市	人工智能使能的视频监控

【案例】华为 5G 赋能超高清

突如其来的新冠肺炎疫情，使体育馆、剧院等线下场馆的运营受到巨大冲击。为了帮助场馆尽快恢复运营，华为将超高清视频与 5G、云计算、人工智能等加速融合，使其互为应用场景，互为能力补充，促进内容创新与繁荣，给用户提供最佳观看效果。

5G 赋能超高清视频产业，主要体现在三个方面：新连接、新架构、新服务。

（1）新连接让生产更高效。5G 应用于超高清视频回传，将传统光纤与微波的部署时间节省 80%，并实现自由、便捷的第一人称视角拍摄功能。同时，超过 350Mbps 的上行带宽能进一步满足超高清拍摄的回传需求，超过 1Gbps 的下行带宽，让用户即使在机场、车站、体育馆等相对拥挤的区域，也能获得良好的上网体验。

（2）新架构让体验更丰富。通过边缘计算和切片管理等 5G 全新架构，超高清视频处理、渲染和制作的时延有望降低至 10ms 以内。同时，切片技术将大大满足专业媒体对于超高清视频传送的品质和安全需求。

（3）新服务让业务更精彩。5G 与云计算结合，可提供人工智能 + 云 + 超分、人工智能超高清 Vlog（视频网络日志）、2D 转 3D，以及人工智能虚拟偶像等全新服务，大幅降低超高清视频的制作门槛和服务成本，让各

类超高清业务的生成更容易，种类更丰富。

高速率、低时延的 5G 网络能够保障超高清视频业务的体验，而超高清视频业务又能让用户充分感受 5G 网络的品质。两者相互协同、相互成就，共同推动超高清视频产业链的发展。

5G 高速率、低时延的特性，使各种信源的接入与传递更加便捷、高效。华为表示，华为作为全球领先的 5G 解决方案供应商，愿意与各领域合作伙伴协同打造聚焦企业核心业务需求的场景化解决方案；加快 5G 融入千行百业，赋能业务场景的进程，让 5G 在行业数字化转型中的价值最大化。

6.3.2　提供“云管端”一体化服务

任正非在 2021 年公司年度工作会议上表示，华为在经历了美国的严苛打压和疫情冲击后，仍然实现了全年收入和利润的正增长。未来，华为将坚持“云管端”一体化服务战略。

在智能手机业务受到重创后，华为另辟蹊径，将更多的精力专注于 To B 业务，创新性地提出了“云管端”架构。云、管、端是华为未来信息服务的新架构，是指包括云平台、网络管道和智能终端在内的基础设施。云平台是未来信息服务架构的核心，网络管道是实现该架构的前提和基础，智能终端将大规模地在各行业得到应用。在“云管端”一体化服务的战略指导下，华为确定了新一代业务平台和应用、大容量和智能化的信息管道、丰富多彩的智能终端齐头并进的发展方针。

云，即云平台，主要带来两个方面的变化：一是企业可以通过云计算动态管理百万级别的服务器，同时实现资源的复用，按需按量取用，大幅度降低 IT 成本；二是企业可以实现软件和业务的解耦，让所有软件共享

硬件资源，促进数据的云化和业务的云化。这两个变化大大提升了企业资源的利用效率与使用弹性，从而提升了业务的部署速度和处理能力。

管，即网络管道，主要是指提供信息传输服务的通信网络，尤指5G。按任正非的说法，就是华为可以建设像太平洋一样宽的管道，让海量的数据高速流动。

端，即智能终端，是硬件终端和软件客户端的总称。终端是海量数据产生的源泉，通过让用户输入数据，将人们的行为信息、机器设备的状态信息转化为数字，比如智能手机、数码相机、电脑、机器人、工业设备等能上网的数据采集设备。

华为的“云管端”一体化并不是一套封闭的体系，而是通过创新的信息服务架构联合各行各业的合作伙伴，提供最具竞争力的综合性解决方案，共同助力产业智能升级和健康可持续发展。正如任正非所说，华为要保持“深淘滩，低作堰”的态度，多把困难留给自己，多把利益让给别人。

【案例】华为自动驾驶解决方案

近年来，自动驾驶已成为热门话题。随着众多科技巨头纷纷入局，一时之间，关于华为造车的传闻四起。

2020年，针对造车的舆论，华为公司再次发文重申华为不造整车，只聚焦ICT，帮助车企造好车，成为智能网联汽车的增量部件提供商。

自2014年正式成立车联网实验室以来，华为围绕车联网的云、管、端三个层面陆续推出了多个解决方案，助力车企造好车。

云：智能车云，以高算力人工智能芯片昇腾系列构建客户黏性。

管：智能网联，主推5G+C-V2X车载通信模组、T-Box（车联网系统）、车载网关等几类产品。

端：智能驾驶，整合车云+硬件+OS（操作系统），硬件端主攻激光雷达和高算力芯片，软件端主攻高精度地图和计算机视觉。

端：智能电动，推出了电池管理系统（BMS）、电机控制器（MW）、车载充电系统以及车下充电模块。

端：智能座舱，打造了 AITO（新能源汽车品牌）零重力座椅和全新升级的鸿蒙智能座舱。

在上述五大业务板块中，华为和产业链的上下游均建立了合作关系。

华为聚焦关键零部件，利用自身强大的技术优势，积极探索，携手全球运营商和各行各业的合作伙伴，致力于加快自动驾驶产业智能升级的进程。

在“云管端”一体化服务的过程中，华为坚持做客户最信任的伙伴，恪守业务边界，做云管端协同“平台的平台”，为客户提供综合性解决方案。

6.3.3 构建场景化解决方案

如今，“场景化解决方案”一词已经深入不同行业，每个行业都是场景化解决方案的集合。场景化解决方案根据不同的业务场景提供不同的解决方案，是市场衍生的诉求。

场景化解决方案对于企业客户端产品的落地至关重要。由于企业客户的痛点在于场景下的业务问题能否被有效解决，产品与业务场景能否适配，单靠产品功能去推广是很难成功的，因此，在构建解决方案时，企业要清楚地了解目标客户、目标客户的业务流程及业务场景。

华为在 C（消费者）端的业务受挫后，B（企业）端业务成为其重要“粮仓”。2021 年 9 月，华为面向政府、能源、金融、交通和制造五大领域，重磅发布了 11 个创新场景化的解决方案（见表 6-3），携手伙伴满足客户在数字化转型中的个性化需求，共创行业新价值。

表 6-3 华为五大领域 11 个场景化解决方案

领 域	解决方案	价 值
政府	一网统管 辅助运营 零信任安全	助力政府的业务和流程变革，建设宜居、创新、智慧、绿色、人文、韧性的新型智慧城市
能源	智慧电厂 智慧加油站	助力能源行业实现高质量发展，构建绿色、低碳、安全、高效的零碳智慧能源体系
金融	移动支付和小微金融 分布式新核心	助力金融机构成为更好的数字化生态型企业，构建全连接、全智能、全生态金融
交通	智慧航空 智慧空管 综合交通	助力交通行业客户实现“人悦其行，物优其流”的数字化愿景，全面提升交通运输行业的安全、绿色、效率及体验
制造	智慧车企	助力制造行业提升效率和体验，驱动创新

对于这些领域，华为发布的场景化解决方案有什么重要作用呢？

以能源领域的智慧加油站解决方案为例。华为通过大数据、人工智能、视频、物联网等新技术，帮助加油站建立了技术先进、安全可靠、实用便捷的数字化运营平台，实现了降本、增效、拓宽业务领域的发展诉求。

【案例】华为智慧加油站解决方案

智慧加油站通过华为数字平台，在已有设备的基础上，进行算力化改造，化繁为简，集成联动加油机、液位仪、支付平台、视频监控等业务子系统，实现了加油、卸油、营销的智能化、无人化、精准化。同时，支持云化和 SaaS（软件即服务）化，实现了各加油站之间的数据共享，减少了重复操作。

智慧加油站主要有以下三大核心价值：

（1）系统预集成。客户现有发票系统、会员系统、管控系统、油机系统等预集成，无须定制，可快速完成部署。

（2）无感支付。智慧加油站基于华为 Atlas 500 + 无感支付人工智能算

法实现了“车牌识别—锁定会员—枪车绑定—自动支付—加油完成”，无须等待，车辆即刻驶离，提高了车辆通过率，增强了用户体验。

（3）安全卸油。智慧加油站实现了加油站视频存储、转发、人工智能识别，对卸油作业中引车到位、外人入侵、消防器材、抽烟、动火、打电话等场景进行识别预警。

例如，以前加油结束后，车主还需要去服务站台结账开票，大大增加了车辆的等位时间。而在智慧加油站中，智慧大屏会显示该注册会员的基本信息和加油习惯，自动分配可用油枪。在加油员忙碌的情况下，车主可自助加油，无须等待。加油结束后，系统将根据加油金额自动扣费、开票，极大缩短了每台车辆的加油和等待时间。

华为连接、联动、融合、创新的智慧加油站解决方案，消除了“信息孤岛”，实现了加油站降本、增效、安全管控的发展诉求。

华为表示，未来五年，华为计划发布超过 300 个场景化服务解决方案，携手伙伴与客户，以数字技术和行业实践赋能千行百业，助力其数字化转型。

6.4　携手共创智能世界

随着行业数字化转型进入深耕阶段，数字技术应用场景、客户群体的多元化发展，使数字基础设施的创新充满挑战性和不确定性。对此，对为表示，越是铺满困难越要创新，越是充满不确定性越要创新。华为始终坚持以客户为中心，坚定创新理念不动摇，与客户和伙伴联合创新，共创新价值，共建智能世界。

6.4.1 与伙伴联合创新，深耕数字化

持续不断地创新是企业和社会发展的动力，是价值创造的源头。华为作为数字化转型的先行者，从人力支持、工具平台、技术服务等多个维度给予伙伴最大支持，联合创新发展，深耕数字化。

在人力支持和工具平台方面，华为在北京、南京、东莞三地开放数据通信联合创新基地——“天工实验室”，为伙伴提供成熟、先进的基础设施和专家资源。

【案例】鸣啸科技携手华为联合创新

2021 年，鸣啸科技携手华为以天工实验室为载体，深度合作、联合创新，开展了广泛的创新探索和合作研究。

鸣啸科技与华为携手后，依托自身城轨业务系统集成能力和华为天工实验室网络技术平台的快速搭建、对接与孵化能力，聚焦智慧服务、智慧管控和智慧运维三大场景，快速开发迭代与验证。鸣啸科技通过 Wi-Fi 6+5G 全无线物联园区网、一体化 Wi-Fi 6 AP 内置 IoT 插卡、Wi-Fi 6 的无线切片和双发选收功能，以及业界最高性能 Wi-Fi 6 车地回传解决方案，大大提升了乘客的通行效率和车站的运营效率，节约了客户的投资和运维成本。

创新决定未来，天工实验室已成为华为联合合作伙伴创新的平台，将持续为行业孵化出更多的创新性场景化解决方案。

在技术服务方面，2022 年华为云推出了一条全新的生产线服务——数据治理生产线（DataArts），可实现“一站式”数据入湖、数据准备、数据分析、数据资产等全流程的数据治理，帮助企业更便捷、高效地管理与使用数据，释放数据的价值。

【案例】帆软 DataArts 的集成应用

帆软将其商业分析软件与华为云数据治理生产线深度集成后，应用到信义玻璃项目中。

帆软通过华为云数据治理生产线，集成各类 IT 系统数据以及超过数十万点位的生产设备和生产工艺数据，并对其进行高效处理，建立了企业级数据目录，减少了人工填报的操作。在制表过程中，帆软通过简单的“拖拉拽”分析，使经营报表生成时间从过去的一周缩短到一小时。同时，帆软通过对能耗和工艺数据的可视化分析，促进了生产线数据的横向对比、纵向巡游，使产线能耗大幅降低。这个项目仅在降低能耗上，每年就能节省数千万元。

在联合创新的模式下，华为的 ICT 和合作伙伴的行业经验互补互促，双方在合作中不断完善和创新解决方案，加强业务场景的适配度，共同为客户按下数字化转型的“快捷键”。

6.4.2 加速数字世界与物理世界的融合

物理世界构建基础设施，数字世界在此之上搭建高效网络。在 5G 时代，物物皆为媒体，人人皆为数据中心。华为认为，“只有将数字世界与物理世界深度融合才是真正的数字化”。

为此，华为通过打造云上的数字内容生产线（MetaStudio），构建以人为中心的全场景智慧化体验，正在加速物理世界和数字世界的深度融合。

2022 年 6 月，华为云数字内容生产线正式上线全流程、场景化的数字人服务。该服务为伙伴和客户提供不同类型的数字人服务，打造虚拟主播、虚拟展会、工业数字、新闻播报、教育课件等场景，实现了数字世界和物理世界的无缝连接。

【案例】"方小锅"数字人项目

2022年1月，多豆乐漫娱与华为正式启动"方小锅"数字人项目。根据方小锅原画形象，华为云数字内容生产线帮助多豆乐漫娱完成了从3D建模到贴图、纹理、材质、灯光、渲染、动画的全部制作过程，并于2022年3月运营上线。在上线一个月的时间内，"方小锅"就成为国内首个拥有千万粉丝量级的的元宇宙人工智能数字人。从项目启动、制作到运营，华为仅用四个月的时间，就联合多豆乐漫娱完成了"我是方小锅"IP的升维发展。

"方小锅"应用于以下两大场景：

一是直播业务。华为云基于强大的云上存储和云算力的能力，为多豆乐漫娱提供了在云上实时渲染的直播解决方案。单目摄像头的视觉驱动，让动捕准确率高达90%以上，节省了昂贵的动捕设备费用。同时，主播侧还可以通过端侧App或云侧界面进行直播业务的管理，灵活调整数字人直播背景等业务参数。这种数字人直播业务，可以将"方小锅"推流[①]到虎牙、斗鱼、抖音、视频号等各大直播平台。

二是短视频业务。华为云数字内容生产线通过对"方小锅"数字人5种语音基库、40个标准动作基库、600多个表情基库的建立，使专业编导制片团队可以通过语音驱动，一站式配置，输入文本即可生成多样化的动态视频，节省了制作时间和人力成本。"方小锅"数字人的表情自然，基本可以达到真人的效果。

随着数字世界和物理世界的融合，高品质的数字内容生产将成为刚需。通过华为云数字内容生产线，各行各业的客户都可以在云上生产数字内容、开发3D应用，让数字人生于云、长于云，进入千行百业。

以人为中心的全场景智慧化体验主要体现在华为终端业务上。华为认

① 推流，是指把采集阶段封包好的内容传输到服务器的过程，放在网络直播情境中，就是将现场的视频信号传到网络。

为，当用户身边充斥着大量的终端电子设备时，用户需要的不再是更多的终端，而是更为智能的体验。

例如，2021 年底，华为发布了医疗级带血压计的智能手表。在用户授权的前提下，它可以随时随地进行心电采集，精准记录用户的心电图数据。这些数据可以被上传到云端，在云端由软件算法平台分析生成报告。用户和他的健康顾问可以通过不同的终端看到这份报告，并采取相应的健康管理措施。这种可测血压的智能手表通过前期主动筛查和在治疗过程中主动干预的方式，帮助用户实现了个人健康的智慧化管理。

华为正在通过多样化的终端、云服务，聚焦智慧办公、运动健康、智能家居、智慧出行、影音娱乐等场景，联合合作伙伴进行个性化定制，为用户打造更丰富的个人体验，创造更高的价值。

6.4.3 共创更美好的智能世界

在华为看来，个人、家庭和组织是社会乃至世界的基本构成形态，构建美好的智能世界就是把数字世界带入每个人、每个家庭、每个组织，实现万物互联。2020 年，华为发布“智能体”，打造万物生长的“黑土地”，使能伙伴、客户以智能体为工具打造自己的智能方案，为城市治理、企业生产、居民生活带来全场景智慧体验，共创更美好的智能世界。

华为提出，智能体是连接、计算、云、人工智能、应用“5 机”等新一代技术的大融合，它能感知、会思考、可执行、能进化，由智能交互、智能连接、智能中枢及智慧应用四层组成（见图 6-4）。

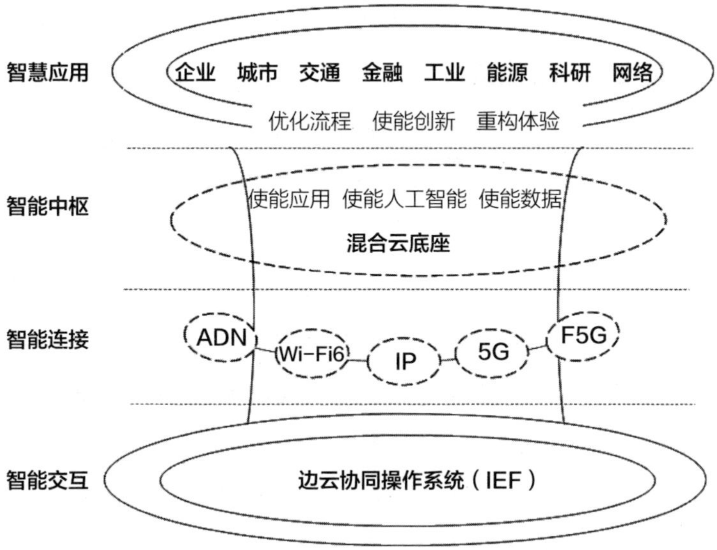

图 6-4 华为智能体

（1）智能交互。

智能交互相当于智能体的“五官”和“手脚”，联接物理世界和数字世界，让软件、数据和 AI 算法在云边端自由流动；其核心技术来自边云协同操作系统（IEF）。通过 IEF，智能交互让智能体能感知、可执行。

（2）智能连接。

智能连接相当于智能体的“躯干”，连接智能中枢和智能交互。它依托 ADN（应用交付网络）、Wi-Fi 6、IP、5G 和 F5G，让数据在新老应用之间流动，实现应用协同、数据协同与组织协同。

（3）智能中枢。

智能中枢是智能体的“大脑”和决策系统，其核心是华为的混合云底座。基于强大的混合云底座，华为面向客户使能应用、使能数据和使能人工智能。华为云应用平台（ROMA）大幅提升应用开发的效率，降低开发门槛；华为云智能数据湖运营平台（DAYU）通过独创的逻辑数据湖方案，实现数据全域共享；华为人工智能技术通过沉淀行业知识，加速主业务流程创新。

以中国石油为例。在沉淀了行业能力后，它借助华为云知识图谱套件，快速构建石油测井领域的专业化模型，实现了油气水层的智能识别，评价时间缩短 70% 以上，准确率达到了专家级水平。

（4）智慧应用。

技术和创新的最终目的是创造价值，智慧应用是智能体价值的呈现。它通过与合作伙伴、行业客户的多方联合创新，将连接、云、人工智能等技术与行业知识深度融合，聚焦客户痛点和业务场景，优化流程、使能创新、重构体验。

智能体已经在 600 多个项目中进行了探索与实践。例如，“鹏城智能体”助力深圳市建立了更加科学、精细、智慧的城市治理体系，为市民和企业提供了主动、精准、智能、高效的服务。

【案例】“鹏城智能体”项目

2020 年 9 月，深圳市携手华为打造“鹏城智能体”，通过将 5G、云、人工智能、智能边缘等技术深度融合和协同，打造数据驱动、具有深度学习能力的城市级一体化智能协同体系。

在构建智能体云基础设施方面，深圳政务云采用华为云 Stack[①] 进行智能升级，建立了统一的计算、存储、网络以及通用软件支撑平台。深圳政务云通过统一的云管理平台为全市各部门提供按需、弹性的云服务，形成“1+11+N”的总体架构（1 个全市政务云平台 +11 个区级政务云 +N 个特色部门云），实现了市政务云与省、区对接，以及市与区的资源共享，相互容灾。

在打造城市智能中枢方面，“鹏城智能体”升级了城市数字大脑，通过数据分析支撑城市重大决策，以数据驱动部门业务流程优化，建立了统一指挥、实时调度、智能监测、上下联动的运行体系，用应急“一张网”实

① 华为云 Stack 是华为云为政企客户提供的，部署在客户本地数据中心的云基础设施。

现全方位联动。

在推动智能化应用方面，“鹏城智能体”通过数据赋能和行业统筹，在政务、交通、医疗等领域广泛引入人工智能技术。在政务领域，“鹏城智能体”通过人工智能技术实现智能客服、智能预审及智能填报，将用户的等候时间缩短50%，即办率提高29%，提前办结率达到22%；在交通领域，“鹏城智能体”实现了全市人工智能信号灯控“一张网”，使高峰期路口的通行能力提升10%，关键路口的平均等待时间缩短17.7%；在医疗领域，“鹏城智能体”利用人工智能技术，让所有医院的医学检验和影像检查结果互联互通互认，为患者平均节省了40分钟左右的排队时间，每年降低4000多万元的就医费用。

“鹏城智能体”是数字深圳的顶层设计，是对数字深圳的清晰描绘。在华为城市智能体的助力下，深圳市正在努力打造全球标杆的全场景智慧之城。

面向未来，人类社会必将步入万物互联的智能世界。华为常务董事汪涛表示，想象力决定了华为未来能走多远，行动力决定了华为到达未来有多快，而预测未来最好的方式就是创造未来。华为要给智能世界铺上“云跑道”，装上“智能发动机”，与合作伙伴、行业客户共同进入一个波澜壮阔的智能世界。

第 7 章
助力商业伙伴成功

面对规模巨大的数字商业市场，华为在“以利益为纽带，以诚信为基础，以规则为保障”的原则下积极布局，全面赋能合作伙伴，助力伙伴商业成功。

7.1 深耕行业大客户

客户是企业的生存之本，稳定的客户（尤其是大客户）是企业生存与发展的核心。华为通过军团化运作，聚焦特定行业的大客户，为客户提供更加敏捷、贴近需求的解决方案，助力客户数字化转型成功。

7.1.1 聚焦特定行业客户

华为轮值董事长胡厚崑在2022年华为伙伴暨开发者大会上表示，不同的行业在数字化的进程中处于不同阶段，面临的挑战也各不相同，华为能力有限，无法全盘深入了解每一个行业。为此，华为成立军团聚焦特定行业的头部企业，携手合作伙伴共同为其打造有竞争力的场景化解决方案。

我国高速公路里程位居世界第一。高速公路承担了70%的货运量，是打通经济流通的大动脉，因此，华为将目光聚焦在智慧公路赛道。

【案例】华为数字化“筑桥铺路”

通信、收费与道路管理是高速公路场景需求中最关键的三大系统，它们每天在运行过程中会产生非常庞大的数据。这些数据必须及时上传至路网中心，这意味着系统需要稳定可靠的通信网络。

2020年，浙江交通集团衢州管理中心为实现衢黄高速数字化、智慧化的成功转型，携手华为采用新一代通信技术——F5G，对衢黄高速公路的通信网络进行了全面升级。

在这个项目中，华为利用F5G大带宽、低延时、高可靠、低功耗等技术优势，将传输带宽提升至原传输网的130多倍，确保了现有各系统设备平台全时段在线的稳定运行，实现了对全路网状态的实时监控，包括网内

设施、设备的运行情况，快速识别车辆的各种异常行为，比如车速异常、敏感地区停留、应急车道超车等；自动判别交通事件，进行科学应急指挥与决策，事件检测的报警过程缩短了 2 ～ 3 秒，真正做到了早发现、快处置；通过共享平台实时传递的路况信息，让公众用户提前预知服务区、事故路段情况，以便合理规划行驶路径，提升安全出行体验。

华为打造的浙江衢黄高速 F5G 通信网络，为高速公路的数字化、智能化发展提供了网络保障，对高速公路的数字化转型起到了示范作用。

华为军团聚焦特定行业，与行业的头部企业建立合作关系，是为了重点做好产品解决方案和产品集成服务，最终将能力和经验按照以下三个阶段（见图 7-1）使能合作伙伴，让伙伴独当一面。

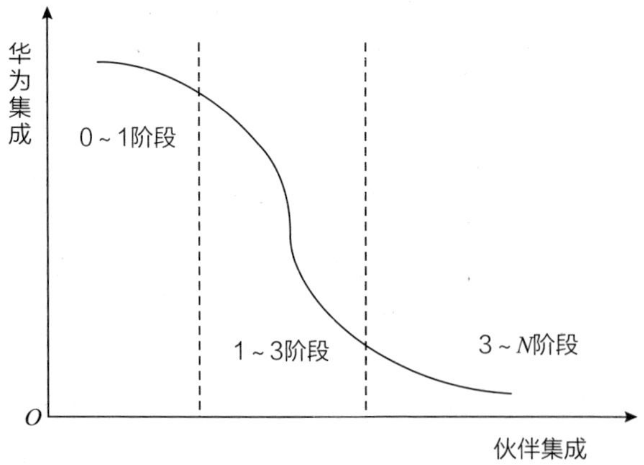

图 7-1　华为使能伙伴的三个阶段

（1）0 ～ 1 阶段，对一些特定行业的关键业务场景进行数字化创新，进行技术集成能力的孵化，为伙伴补位。

（2）1 ～ 3 阶段，聚焦商业市场中的大客户，沉淀更多的能力、经验和方案，最终输出标准化能力并传递给伙伴。

（3）3 ～ *N* 阶段，使能合作伙伴成为数字化转型主力军，服务好庞大的商业市场客户。

定位之父艾 · 里斯曾说过：“太阳是一种强能源，它以每小时数亿千

瓦的能量照耀地球。但借助一顶遮阳帽子，你就可以沐浴在阳光下数小时而不被晒伤。激光是一种弱能源，聚焦一束激光只有几瓦，但是凭借这束光，你可以在钻石上打洞或者切割肿瘤。这就是聚焦的力量。”华为的聚焦就是深入特定行业场景，为行业找技术，加快行业数字化进程。

7.1.2 在服务上抱紧大客户

到 2025 年，华为中国政企营收目标将达到 2600 亿元。以此为基础，华为将与生态伙伴共创万亿级价值空间。

政企业务板块作为华为的蓝海业务被寄予厚望。在未来，政企业务将承担两项重要任务：一是为华为扩大规模收入，弥补在终端业务和运营商业务中的损失；二是加速业务转型，为行业客户提供更深入的服务。

二八法则（又称帕累托法则）告诉我们，企业 80% 的营收往往来自 20% 的核心客户。这类核心客户被称为大客户，它们占据整个行业需求的绝大部分，最能直接影响整个行业的发展趋势。华为如果能够服务好这些大客户，使其成为行业解决方案的应用标杆，其应用效应将辐射到整个行业，进而助力华为扩大服务覆盖范围。

任正非认为，优质资源要向大客户倾斜。华为军团的成立是在赛道上的战略选择，目的是坚持做好大客户生意。华为军团已聚焦各行业的领军企业，为其提供更好的解决方案（见表 7-1）。

表 7-1　华为军团合作的部分大客户

<table>
<tr><th>序　号</th><th>华为军团</th><th>领　域</th><th>服务客户</th></tr>
<tr><td>1</td><td>煤矿军团</td><td>煤矿</td><td>国家能源集团
晋能控股集团
永煤集团</td></tr>
<tr><td rowspan="2">2</td><td rowspan="2">智慧公路军团</td><td>高速公路</td><td>山东高速集团
湖南高速集团</td></tr>
<tr><td>城市交通</td><td>深圳巴士集团
青岛城运控股集团</td></tr>
</table>

续表

序 号	华为军团	领 域	服务客户
3	海关和港口军团	海关	深圳海关
		港口	山东省港口集团 宁波舟山港
4	园区军团	智慧园区	深圳国际会展中心 深圳湾科技生态园
5	电力数字化军团	电力	国网江苏省电力有限公司 南方电网深圳供电局
6	机场与轨道军团	智慧机场	深圳机场集团
……	……	……	……

2022 年 1 月 12 日，奇安信发布题为《组建“军团”，为重点领域客户网络安全创造价值》的内部信，宣布正式成立市场军团和服务军团，在各省设立“军团”代表处。奇安信认为，网络安全发展进入新的发展阶段，新的需求不断涌现，想要抓住时代机遇，必须组建军团，加快提升技术能力和重点领域客户满意度的步伐。

致奇安信全体成员：

当前，重点领域客户的数字化转型正在加速推进，它们面临前所未有的网络安全挑战。

一是 5G、云计算、大数据、人工智能等数字技术与业务的深入融合，产生了众多新场景，勒索病毒、网络攻击、数据泄露等网络安全事故成为影响客户生产、业务正常运行的关键因素。

二是密集出台的法律法规，如《关键信息基础设施保护条例》《中华人民共和国数据安全法》《中华人民共和国个人信息保护法》等，迫使客户的网络安全建设亟须从合规走向合法。

三是最近 5 年数以千计的各行各业的实网攻防演练，让实战化网络安全变成了一种潮流。

重点领域客户都希望制定“量体裁衣”式的网络安全规划、设计、建设和服务，来应对上述挑战。

商场如战场，大客户资源成为企业业务的制胜关键。企业只有服务好大客户，与之建立良好的合作关系，才能在激烈的市场竞争中获得先机，突出重围，保持领先。

7.2 解决行业客户问题

以客户为中心是华为的核心价值观之一。任正非认为，华为命中注定是为客户而存在的，除了客户，华为没有任何存在的理由。为客户解决问题是华为最笃定的目标。

7.2.1 合力面对客户的挑战

华为在组织上大胆地改进，就是希望与伙伴各擅其长，更好地帮助客户解决生产和业务场景的实际问题，合力面对客户在数字化转型中的挑战，共赢未来。

以海关和港口军团为例。在成立仅几个月后，华为联合中国移动将自动驾驶、5G、人工智能等创新技术应用于港口的核心业务中，实现港口水平运输的全流程自动驾驶。

【案例】宁波舟山港 5G 智慧港口打造

提起港口，人们不约而同想到的是汗流浃背的人拉肩扛场景，全球有98% 以上的港口仍然是传统的人工操作，属于劳动密集型产业。但随着港口不断往来的贸易发展，传统的人工作业效率越来越难以满足发展需求。

如何在传统港口基础上进行技术升级、实现全流程智能化作业，是全球港口共同面临的问题。

2021 年，华为、浙江移动、浙江省海港集团等几方强强联合，为宁波舟山港打造了 5G 智慧港口。该项目陆续实现了 5G 轮胎吊远程操控常态化投产、5G 网络切片港口应用、5G 港口超级上行应用等多项业界首创。

智能集卡是港口智慧化转型的新突破，其规模化应用可以有效解决港口司机短缺、疲劳驾驶等问题，既能提升运营效率，又能降低安全风险。

智能集卡需同步实现路端感知、车路协同、车车协同、实时视频等功能，在高峰期，将有 40 多台集卡并发运行，对上行的总需求达到了 1200Mbps。除了利用 5G 网络超大带宽、超低延时、广覆盖、高可靠性的优势，为宁波舟山港提供更好的网络支持，华为还联合浙江移动面向 3GPP 5G R16 标准为其提供 5G To B 解决方案，辅以 CPE① 支持双发选收功能，不仅满足了数据无线传输的要求，还提升了信号传输质量和时延的稳定性。

如今在宁波舟山港，我们可以看到来往穿梭的智能集卡。它们通过识别周围环境，自主做出转弯、减速、刹车和选择最优运行路线等各种决策。自动化的无人驾驶功能满足了港口封闭区域内水平运输的需求。

时代在变，组织在变，客户问题也在变，但在数字化转型的道路上，华为以客户为中心的价值观不变，推进行业客户数字化转型的目标不变。华为将和伙伴建立长期的生态合作关系，切实为客户解决问题。

7.2.2 推进行业客户数字化转型

面对数字经济时代的新机遇，华为希望成为一个积极的发起者、推动

① CPE 是华为自主研发的 5G 无线终端接入设备，可以让用户快速接入 5G 超光纤高速网络，提升用户在全场景内的网络体验。

者，和伙伴更加紧密地凝聚在一起，通过全面云化的产品和解决方案，为客户开启通往数字世界的大门。

在2022年华为伙伴暨开发者大会上，华为轮值董事长胡厚崑坦言，华为要做的就是与伙伴携起手来同客户一起面对挑战，帮助客户找到数字化转型的桥和路。作为企业数字化转型解决方案的供应商，华为提出三大战略举措加快企业数字化进程。

第一，聚焦行业市场，下沉商业市场。在面向大客户企业的行业市场，华为通过组建军团，聚焦特定行业，联合伙伴共同打造有竞争力的解决方案。在面向中小企业的商业市场，华为提出下沉地市的市场策略，在全国90个聚焦的地市投入700多位专职的人员，将华为军团在头部企业数字化转型实践中所积累的能力、经验传递到中小企业市场，支持伙伴推进客户数字化转型。

我国企业数量超过4800万户，中小企业的数量占比90%以上，贡献了全社会近80%的就业岗位、75%左右的技术创新成果、60%以上的国内生产总值（GDP）和50%以上的税收（见图7-2）。由此可见，中小企业也是数字经济发展的重要力量。

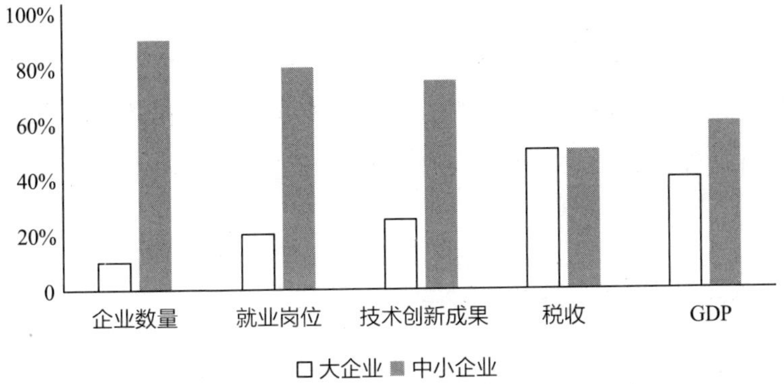

图7-2 中国企业现状

中小企业有着和大企业一样的数字化诉求，但面临的诸如数字化能力

缺乏、资金预算有限、IT 服务不成熟等挑战更大，其数字化体系的构建和运营模式的打造不可能一蹴而就。华为希望携手更多的伙伴共同发力，用 2 ~ 3 年的时间从产品研发、营销、供应、服务以及财务管理等方面，建立和优化全新的管理体系，深入场景，做大数字化产业。

第二，打造云底座，推进“企业上云”。华为加强构筑开放共享的华为云生态，与优秀的合作伙伴将行业数字化转型经验沉淀在华为云上，并提供给技术需求者，避免重复“造轮子”的现象，让优秀得以复制，让智能无所不及。

华为在哈尔滨市打造的智慧供热系统，保障了供热的精算精控，服务了 13 万户居民，让家家户户在寒冷的冬天都能感受到舒适的温度。华为将智慧供热解决方案中的关键能力沉淀在华为云上，与更多的用户进行连接，供其他省份随取随用。

第三，根深促叶茂，打造繁荣的计算产业生态。行业对算力的追求永无止境。从中国 IT 产业的发展情况来看，IT 在应用层面很繁荣，但在基础建设层面还比较薄弱。华为表示，将坚定不移地投入计算产业，持续升级基础软硬件平台和各类开发工具，同时也欢迎更多的开发者伙伴一起加速升级。另外，华为将继续共享计算产业的技术，与合作伙伴共同开拓计算市场，共筑数字经济底座。

2020 年 4 月，在重庆市人民政府的牵引下，华为公司、重庆西永综合保税区管理委员会和北京中软国际信息技术有限公司签署打造鲲鹏计算产业生态重庆中心的三方合作协议，并将该中心落户于重庆市西永微电子产业园。

鲲鹏计算产业生态重庆中心以发展鲲鹏计算产业为首要任务，旨在打

造全国领先的信息技术产业、助力重庆企业转型升级、构建重庆安全可靠的数字底座、培养重庆鲲鹏计算产业人才，为重庆市党政机关、企事业单位等提供鲲鹏适配认证、解决方案孵化、鲲鹏人才培养等全方位服务的生态创新中心。

数字化转型势不可挡，各行各业开始创新求变。华为聚焦解决方案、云基础设施服务建设，与行业需求、发展特性接轨，集众智、汇众力，与伙伴共同推进行业客户数字化转型。

7.2.3 以科技创新引领行业变革

创新是华为的基因，唯有创新，华为才能有质量地活下来。回顾华为过去 30 多年的发展历程，华为的创新是基于客户需求的工程和技术创新，即创新 1.0 时代。为适应时代要求，华为将迈向基于愿景驱动的理论突破和基础技术发明的创新 2.0 时代（见图 7-3）。

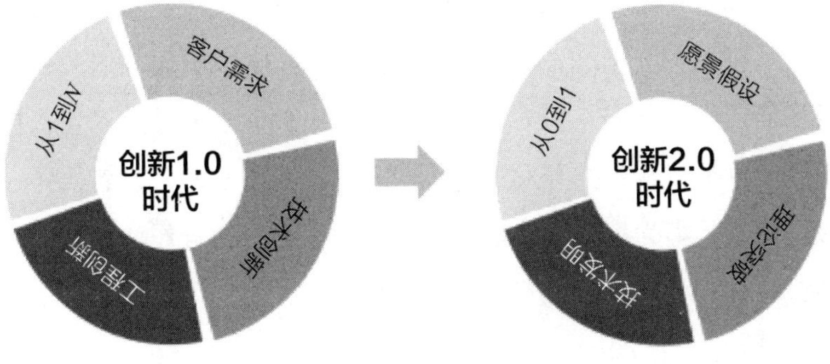

图 7-3 华为从创新 1.0 时代走向创新 2.0 时代

在创新 1.0 时代，华为的核心理念是：基于客户的需求和挑战，进行技术创新、工程创新，属于产品与解决方案的创新，是“从 1 到 N”的创新，目的是帮助客户和合作伙伴增强竞争力，帮助客户增加收益或者降低成本，实现商业成功。

过去，华为把握了行业大方向，在无线、光纤网络和智能手机领域，实现了大量的技术和工程创新，让产品走在行业前列，引领行业发展。

2005 年，华为推动网络架构统一走向 ALL-IP 架构，让网络采用成本低、语音质量高的 ALL-IP 架构成为业界共识。华为制定了 Single 战略，将多张垂直网络融合成一张水平网络，通过“接口 IP 化、内核 IP 化、架构 IP 化、业务 IP 化”四步走战略，降低了运营商端到端的建设成本，大幅度提升运营效率。

2011 年，华为认为云技术将对网络产生重大的影响，推动了 ALL Cloud（全面云化），制定了 SoftCOM 网络发展战略。SoftCOM 是华为用云计算的理念和技术重塑的面向未来的端到端 ICT 网络架构，帮助运营商提高了业务部署、业务发放的效率，降低了结构性成本。

2016 年，华为提出了 All Intelligence 的概念，将人工智能引入电信行业。通过 SoftCOM AI 解决方案的落地，让网络设计、规划、配置自动生成，打造了“永不故障”的自治网络。

从 ALL-IP 时期的 Single，到 ALL Cloud 时期的 SoftCOM，再到 ALL Intelligence 时期的 SoftCOM AI，华为在通信技术上不断创新，引领行业变革。

随着信息产业的发展，许多几十年前的理论成果已经通过技术和工程进行落地，新的理论突破和基础技术发明匮乏；摩尔定律驱动了 ICT 的发展，以前（CPU）性能指标每年可提升 1.5 倍，现在只能提升 1.1 倍，传统理论走到了极限。这些都是我们在 ICT 发展中的瓶颈。为适应时代的要求，华为提出了新的创新战略，即创新 2.0。

在创新 2.0 时代，华为的核心理念是：基于对未来智能社会的假设和愿景，打破制约 ICT 发展的理论和基础技术瓶颈，实现理论突破和基础技术发明的创新，实现“从 0 到 1”的创新。比如，5G、人工智能、物联网

等新一代 ICT 基础设施将成为行业数字化转型的基石。

2019 年，华为成立战略研究院，由华为董事徐文伟担任院长。战略研究院主要负责 5 年以上的前沿技术的研究，通过每年 3 亿美元的投入，支持学术界开展基础科学、基础技术等的创新研究，比如光计算、NDA 存储、原子制造等新技术。

未来，华为战略研究院将在以下三个方面进行重点投入：

（1）基础科学研究：设立专项基金支持基础科学研究和人才培养，推动基础理论的突破。

（2）基础技术研究：针对工业界面临的工程技术问题和世界级难题（如香农定律极限、内存墙、摩尔定律失效等），高校和华为发挥各自优势，推动基础技术的突破，并加速高校研究成果跨越创新“死亡谷”。

（3）技术创新：针对当前工程和技术的难点，共同进行研究。

此外，徐文伟表示，大学里的教授产生的 IPR（知识产权）和专利只有通过企业界、工业界产品化，最终才能对社会、人类产生价值，否则它们是没有任何价值的。正如现代管理学之父彼得·德鲁克所说，创新是否成功不在于它是否新颖、巧妙或具有科学内涵，而在于它是否能够赢得市场。

华为长期以来展现出来的创新活力，让我们有理由相信，华为在未来将持续创新，引领技术发展和行业变革。

7.3 助力合作伙伴成功

华为在帮助客户大步迈进数字化转型道路的同时，全力以赴，发挥自身技术优势，助力伙伴创造价值，实现商业成功，让站在数字化转型聚光灯下的不只有华为，还有广大的合作伙伴。

7.3.1　适配需求，创造价值

在华为看来，做大“蛋糕”比做大市场份额更加重要，只有与伙伴一起合作做大、做强市场，才能实现产业长久繁荣。

在 2022 年华为伙伴暨开发者大会上，商业市场被重点提及。华为预测，未来五年，商业市场在华为政企业务营收中的占比将达到 50%。华为轮值董事长胡厚崑表示，面向中小企业，华为要全面支持伙伴，共同发展商业市场。

面对商业市场单价低、需求多、分布广、服务和维护投入大的特点，当前市场中的数字化产品成本高、交付周期长、操作复杂且兼容性不高，难以适配客户需求。为了帮助合作伙伴在商业市场“快速行动”，华为针对市场需求，推出了高标准的“5 极”产品（见表 7-2）。“5 极”包括极易集成，华为的产品与主流的厂商系统 / 应用做好预集成；极好销售，让产品的竞争力更加突出；极快交付，缩短交货期，3 ~ 7 天可交货；极简运维，无须专业技能即可安装，同时免现场运维，降低人力成本；极优体验，从场景化出发进行产品的体验设计，让产品更易上手。

表 7-2　华为不同领域的“5 极”产品

序　号	领　域	“5 极”产品	对伙伴的价值
1	数通领域	教育：全无线校园网络 医疗：无线物联一体化医疗网络、云边协同医疗安全等保 金融：自动化金融 DC 网络、金融网点一体机 零售：零售门店一体机 酒店公寓：无线 Wi-Fi 6 套餐	促进伙伴收入稳定增长
2	机器视觉领域	软件定义摄像机，X、M、C、D 四大系列	提供更多市场销售机会
3	智能协作领域	CloudLink 云视频、IdeaHub 办公宝等	为伙伴提供增值收入，释放新价值
4	光网络领域	F5G 小全光解决方案	提升伙伴服务、运维效率
5	存储领域	全闪存混合闪存、数据保护一体机、超融合基础设施、计算型存储、虚拟化 DCS 套件、eService 智能运维工具等	便于伙伴远程运维和智能诊断

在数通领域，为提升产品在教育、医疗、金融、零售、酒店公寓五大行业场景中的竞争力，华为推出了七大明星产品和产品组合，在满足中小企业客户连接需求的同时，促进伙伴收入稳定增长。

在机器视觉领域，华为打造了搭载超强算力人工智能芯片的 X、M、C、D 四大系列软件定义摄像机，通过不同算力，加载不同算法，以服务客户多样的智能化需求，与伙伴们一起推动安防产业全面走向智能化。

在智能协作领域，华为提供了 CloudLink 云视频、IdeaHub 办公宝等产品和解决方案，携手伙伴，端云协同，满足客户全场景智慧办公需求。

在光网络领域，华为推出 F5G 小全光解决方案，为小微园区提供高品质园区网络。它具备超大带宽、极致体验和绿色节能的特点，可大幅度提升伙伴的服务和运维效率，降低运维的难度。

在存储领域，华为提供配置灵活、应用敏捷、易用易运维的存储产品和解决方案，包括全闪存混合闪存、数据保护一体机、超融合基础设施、计算型存储、虚拟化 DCS 套件、eService 智能运维工具等，便于伙伴远程运维和智能诊断。

数通、机器视觉、智能协作、光网络和存储领域的“5 极”产品，基本涵盖了商业市场中客户与伙伴的全方位需求，更好地助力伙伴高效开拓商业市场，帮助地市区县客户实现数字化升级。

7.3.2 发挥优势，助力合作伙伴

华为已经联合伙伴带着“5 极”产品在苏州、武汉、青岛等城市开展了“极速行动”，帮助伙伴加速机会变现。但伙伴想要成功进军商业市场，不仅其产品要有竞争优势，它还要有强大的营销能力。

华为将自身在 B 端沉淀多年的营销能力全面开放（见图 7-4），从工具、方法、资源、平台、赋能等多个维度为伙伴提供支持。

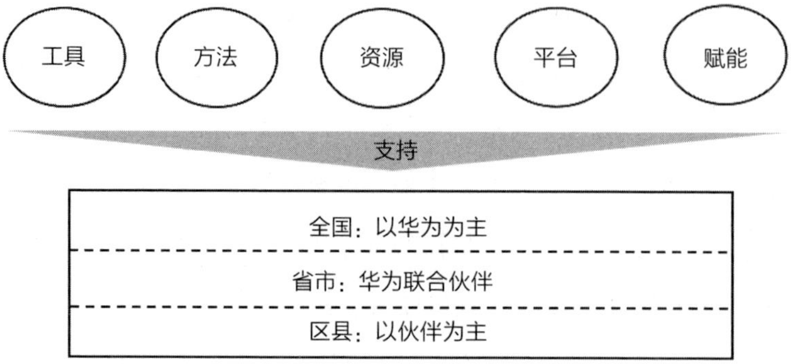

图 7-4　华为全面开放营销能力

工具：数字化活动平台、线索管理工具、物料制作工具等。

方法：营销获客、伙伴线索管理、营销阵地制作等。

资源：1.8 亿个 MDB（数据库）支持、招中标商机平台、商业市场一站式作战平台。

平台：活动联合营销、伙伴暨开发者大会、华为数字峰会等。

赋能：区县华为 700 人，总代 150 多人，地市总代营销持证讲师赋能 1000 多个区域伙伴。

同时，华为根据市场特点进行营销分层。在全国、省市和区县三个不同的层面，华为和伙伴的分工不同，双方做好各自擅长的事项。在全国层面以华为为主，构建商业市场的品牌影响力、打造 IP；在省市层面，华为联合伙伴，做好新品上市、渠道招募和赋能工作；在区县层面，以伙伴为主，通过客户数据库分析，进行精准营销，进入行业圈。

此外，华为开放了全流程合作伙伴自主交易通道，从项目报备、配置报价到业绩激励使用等十大环节均由合作伙伴自主提交，提升了伙伴的交易效率。并且，华为专门为伙伴打造了商业伙伴一站式营销平台——亿企飞 App，其市场拓展工具包括三大板块：发现板块、产品板块、项目板块。

发现板块：帮助伙伴查看明星产品知识和技术分享。

产品板块：帮助伙伴快速创建不同场景下的报价单。

项目板块：独家提供的交付小工具，帮助伙伴快速交付。

面对广阔的市场需求，华为认为只有加强伙伴营销推广能力，才能助其更好地赢得市场先机。华为将持续赋能伙伴、发动伙伴、支持伙伴，帮助伙伴在产业数字化阶段加速赢得商机、做大市场。

7.3.3 补齐服务“最后一公里”

众所周知，数字化转型的意义在于利用数字技术推动企业转变业务模式，以快速获取商业成功，但很多企业并不具备数字化转型的优势，所以在数字化转型进程中，服务起到了非常关键的作用。

为了帮助伙伴快速提升服务能力，提供无处不在的一致性服务体验，华为构建了线上 + 线下的数字化协同服务体系（见图 7-5），从六个维度赋能伙伴补齐服务“最后一公里”。

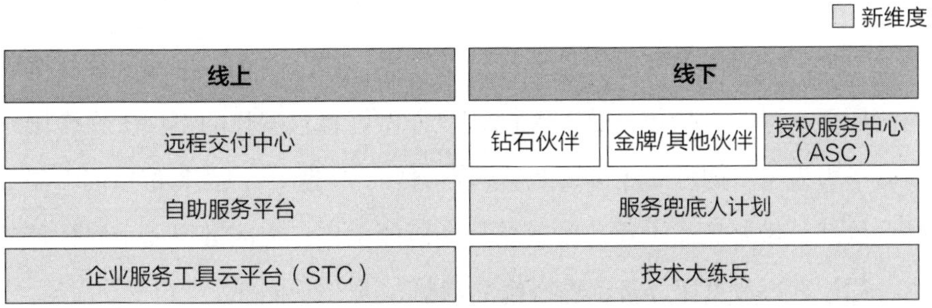

图 7-5 华为线上 + 线下数字化协同服务体系

在线上服务层面，华为设立了远程交付中心，可以在线上进行调测、验收、交付、迁移等活动，帮助客户快速上线；自助服务平台可以帮助伙伴和客户自助解决问题；企业服务工具云平台（STC）基于统一云化底座，面向产品、产业和行业，为伙伴工程师提供一站式工具服务。

【知识点】企业服务工具云平台

企业服务工具云平台面向智慧城市、智慧园区等多行业场景，为工程师提供一站式工具服务，具有聚合、开放、共享、智能、敏捷五大能力（见图 7-6）。

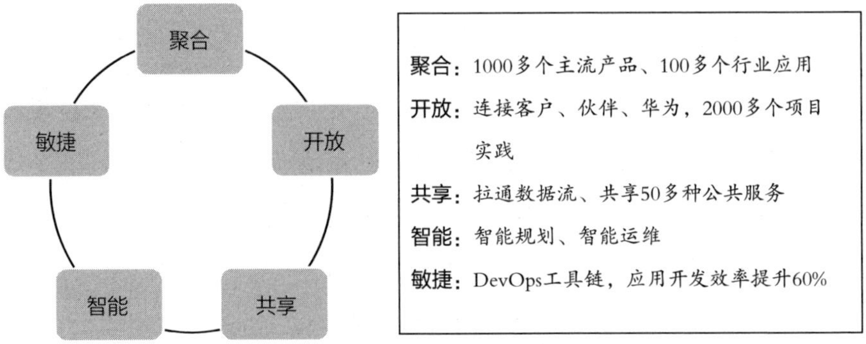

图 7-6　企业服务工具云平台示意图

（1）聚合能力：作为企业服务工具统一门户，它将基于微服务开发的工具应用集成在云平台上，让用户所见即所得，免去安装工具和更新版本的烦恼。

（2）开放能力：云平台对伙伴全面开放，伙伴、客户可以通过云平台上的互动社区、在线互动等应用直接联系华为工程师，交流需求，快速解决问题。

（2）共享能力：云平台统一的数据管理体系，让数据流在各个工具和业务平台间自然流动，减少了人工转换数据环节，实现了不同作业环节的数据共享。

（4）智能能力：云平台通过人工智能持续训练固化专家知识库 / 业务规则，基于数据实时采集和基于业务语言智能解析的快速感知、对数据自动提取和快速关联分析的智能分析，实现智能规划和智能运维。

（5）敏捷能力：云平台采用云化流水线，自动发布应用。DevOps 工具链保证了工具应用快速上线。

在线下服务层面，华为除了现有的钻石、金牌伙伴，还设立了授权服务中心，通过授权服务中心将地市区县的客户连接起来，为中小企业提供本地化的贴身服务；通过服务兜底人计划和技术大练兵，加强伙伴服务意识与能力，提升客户体验。

【案例】华为授权服务中心

随着商业市场的扩大与发展，数千万个中小企业客户分布在全国各地。在保证企业 IT 设备稳定运行和问题及时处理方面，它们想要实现像一线城市中的企业那样“一个电话就上门”的服务不太现实。于是，华为决定设立授权服务中心，第一时间处理并闭环问题。

2022 年，华为陆续在地市启动授权服务中心（ASC）认证计划。授权服务中心是通过华为政企业务基础服务能力（包括工程交付和售后维护）认证的面向商业市场提供服务的一类伙伴，能够提供面向华为产品的工程安装服务、解决方案实施服务、Co-Care（联合品牌服务）维保服务的销售和履行。2022 年 3 月，华为对包括深圳、福建、重庆、江苏、浙江等 21 个省市的 53 个区县在内的首批授权服务中心进行了公示，这些线下服务中心，将为客户提供及时、一致的现场服务。

授权服务中心面向商业市场，为中小企业提供最切实际的基础服务，简而言之，就是让中小企业客户在遇到问题时，能快速找到人，并能享受高质量的服务。截至 2022 年 6 月，已有 93 个授权服务中心完成授牌，这一伙伴规模仍在持续扩大。

另外，华为通过线上 + 线下的方式为伙伴制定不同类型的培训课程，比如产品技术、项目管理、服务一致性、质量管理及销售拓展等。同时，华为为伙伴提供工具，以规范其在服务过程中的质量，比如面向交付领域的 EISDP（企业集成服务交付平台），涵盖服务准备、现场服务和移交收尾三个阶段，是赋能交付合作伙伴的重要技术工具。

在线上 + 线下服务的协同驱动下，华为持续推进伙伴能力的提升，帮助伙伴为客户提供一致性、高品质服务，助力客户转型成功。

7.4　构建共赢商业生态

领导力问题解决专家麦克斯维尔认为，共赢就是忘掉自己的利益，全心全意地帮助伙伴成功。华为在发展过程中一直秉持不与伙伴争利的态度，致力于构建共赢的商业生态圈。

7.4.1　做有边界的生意

懂得严守边界，既是给予彼此安全感，也是给予彼此尊重。不只是人与人之间应该如此，企业与企业之间也应该如此。

华为认为，做大产业、做大市场比做大华为自身份额更加重要。生态圈的构建不易，华为始终恪守边界不越界，聚焦自身的 ICT 产品和产品组合，做到性价比和体验最优，使能合作伙伴获得价值提升。

华为陆续成立军团后，有一部分伙伴对华为军团抱有质疑，“华为成立了军团，是不是自己要冲到前面去了？”这给华为敲了一记警钟。对此，华为在 2022 年伙伴暨开发者大会上让伙伴们吃下了“定心丸”：华为坚持做有边界的生意，永远不会多元化发展。

在煤矿军团成立时，任正非就曾表态，华为提供的是一个平台，上面可以生长各种各样的“庄稼”。华为给煤炭行业提供的平台，与给电信、交通行业提供的平台是一样的，没有多大变化。只是现在煤炭行业不太会用这个平台，华为就多参与一些，让它们会用这个平台。华为只是把平台做大一点，并没有多元化。显然，在华为的战略中，它始终清晰自己的边

界，坚决不触碰伙伴的利益。

正所谓“独行快，众行远”，数字化市场是一个需要不断深入、持续深耕的市场，想要在这个市场获得长足发展，华为必须以坚守边界为原则，带动产业生态共同发展。

7.4.2 打造共赢的利益纽带

尽管在数字化转型使命的驱动下，众多生态伙伴汇集在一起，但利益才是连接伙伴与华为的纽带。只有伙伴赚到钱、能力得到发展，才会长期与华为合作。华为深谙此道。

2022 年初以来，为了给伙伴让利，华为将华为云业务板块的原厂直拓 NA 客户数量从 3000 多个缩减到 1800 多个，进一步扩大了伙伴的市场覆盖范围。

NA 客户，即华为重点客户。华为从客户 ICT 产品需求量和华为“切蛋糕”能力这两个维度又将 NA 客户分类为战略 NA 客户、核心 NA 客户和一般 NA 客户。

同时，华为推出了内容精细、丰富全面的新激励政策，以满足伙伴新客、增长与规模等增值需求。新的激励政策内容包括：拓客激励、各类产品专项激励、商机报备激励、服务能力提升激励等。

华为云合作伙伴销售激励政策（中国区），针对海量的中小微企业客户的拓展及销售，面向华为云解决方案提供商和华为云总经销商，提供包含基础激励（月度）、新客激励（月度）、销售达成激励（季度）、增长激励（年度）等多种政策，对合作伙伴业绩及增值贡献进行价值激励。

这一系列激励政策极具吸引力。例如，目前业内激励额度最高的华为云新客激励政策，其激励额度高出了行业水平的 30% ~ 50%。

此外，为了帮助伙伴快速提升能力，华为采取了两大关键举措：

第一，华为将“中国合作伙伴培训中心”正式升级为“华为全球培训中心”。

2018 年，华为聘请众多知名专家，运用集体的智慧与经验指导华为全球培训中心的长期发展，制定并推进产教融合人才培养战略，通过产、学、研相结合的方式为伙伴培养 ICT 人才。据悉，华为计划为合作伙伴培养超过 1 万名高级管理人员、职业经理人和技术人员。

第二，华为在 2022 年的返点激励政策上做了比较大的调整，将以前单纯的业绩达成返点激励转变成了“基于能力达成的返点激励”和“基于业绩达成的返点激励”。

新增的“基于能力达成的返点激励”是指伙伴可以委派工程师去参加学习和培训，只要通过了华为专业化能力认证，以及项目后评估得分，就可以拿到激励。据华为企业 BG 总裁丁耘透露，年未过半，就有伙伴的能力激励金额达到了 255 万元，全年下来应该远不止这个数。丁耘表示，在未来，无论是军团携手伙伴进入客户生产系统，还是支持伙伴拓展广大商业市场，华为都将逐步完善激励政策，保障伙伴能力投入获得相应回报。

创造价值、获得收益是商业的本质，良好的利益机制是商业生态良性发展的保证。华为唯有坚持开放合作、利益共享，才能和伙伴彼此成就，实现可持续的共赢。

7.4.3　用规则保障合作伙伴权益

华为认为，合作伙伴的利益需要用以诚信为基础的规则来保障。诚信是基础，它不是停留在口头上的说教，而是说到做到、严守规则。规则

是保障，华为既要制定清晰的规则，又要将规则与机制的执行流程化、IT化，尽量减少人为干预。正如任正非所说：“我们不是靠人来领导这个公司的，我们用规则的确定性来对付结果的不确定性。”

【案例】华为 IFS 项目变革

2007 年，面对业务突飞猛进，但利润逐年下降的情况，任正非在一次内部会议上忧虑地说道：“我们的确在海外拿到了不少大单，但我都不清楚这些单子是否赚钱。”

从 2000 年开始，华为已经开始做成本核算，但华为还是缺乏前瞻性的预算管理——这是当时中国企业的短板，跨国企业的擅长之处。IBM、思科等国际科技巨头对未来财务指标的预期非常明确，因为这些企业的财务体系会参与整个业务流程，以确保每个业务环节都能清楚地计算出成本和利润。于是，任正非痛下决心，亲自邀请 IBM 帮助华为完善财务管理体系。此后，IBM 最精锐的财务咨询顾问入驻华为，开始启动 IFS（集成财务转型）项目。

IBM 的财务咨询顾问在项目期间帮助华为搭建了财务的作业体系，让每位业务人员知道自己的哪些举措会被记录，哪些信息需要传递给财务人员等。同时为了保证传递的数据质量，华为于 2013 年推行财报内控项目，以完善具体的规则细节。从财报结果往前看，华为梳理出了影响财报结果的前端业务流程关键活动，建立起相应的测评指标，联合业务人员一起例行监控、改进，逐步落入前端流程，让业务人员的语言和账务的结果建立起了关联。

华为 IFS 项目变革从 2007 年启动，至 2014 年基本完成。变革的结果达到了任正非在 2009 年财经系统表彰大会上提到的预期：“我们要坚定地支持公司的 IFS 变革，通过 3 ~ 5 年的努力，实现‘加速现金流入，准确确认收入，项目损益可见，经营风险可控’的变革蓝图……真正实现‘计划、预算、核算’的全流程管理。”

IFS 项目变革为华为培养了数千名合格的财务总监，他们深入华为各个业务部门（包括销售、市场、研发、供应链等），把规范的财务流程和机制植入华为公司的整个运营系统中，实现了收入与利润的平衡发展。

华为为什么要启动 IFS 项目变革？从本质上来说，就是要建立一套规范的财务流程和机制，“用规则的确定性来对付结果的不确定”，减少人为的决策失误。

万殊一辙，为了保障全球合作伙伴的权益，华为同样以确定性应对不确定性，建立起严格有序的规则保障机制，用规则约束合作的边界和风险（见图 7-7）。

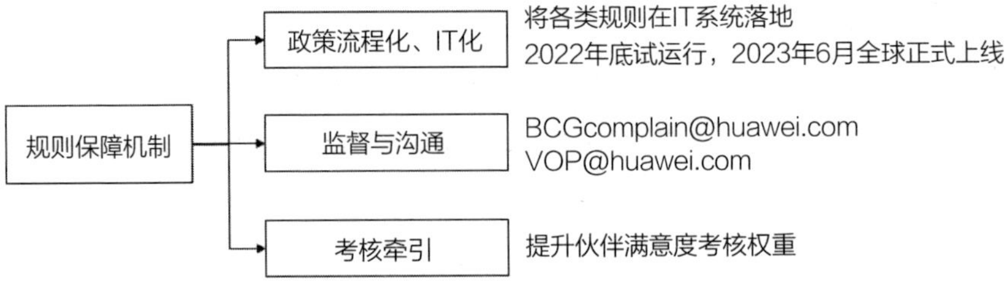

图 7-7　华为规则保障机制[①]

首先，坚决执行现有规则。华为制定了行业市场伙伴地图、商业市场项目报备等各类规则，并将它们嵌入交易流程和 IT 系统，确保这些规则能够得到有效执行、管理和监控。这项将规则流程化和 IT 化的举措将于 2022 年底试运行，2023 年 6 月全球正式上线。

其次，完善监督机制与伙伴沟通机制。对内，华为将加强内控，对违反伙伴规则的事项进行严肃处理，决不姑息，保障伙伴合理权益；对外，华为热忱邀请伙伴参与监督和沟通流程，伙伴可以通过发送邮件的方式进行沟通、投诉。投诉的信息将直接传达给华为高层，沟通的内容不仅限于规则执行过程中的问题和反馈，还包括规则本身的优化和改进建议。

---

① 参见《华为轮值董事长胡厚崑：成就伙伴，共赢数智未来》一文。

最后，优化华为内部考核牵引机制。华为将伙伴视为客户，把伙伴满意度选项引入干部和员工的绩效考核，适当降低过去考核权重中销售业绩的比重，以此帮助干部和员工在短期的绩效和长期的伙伴生态发展上找到一种平衡。

堡垒最容易从内部攻破，华为不断改进内部管理，优化和完善规则保障机制，为伙伴修建了一条规则明确、边界清晰的合作大道，与伙伴共赴星辰大海。

第 8 章
重构治理体系

公司存在的唯一理由是为客户服务，“多打粮食，增加土地肥力”是为了更有能力为客户服务。华为坚持以客户为中心、以奋斗者为本，持续优化公司治理结构，使公司保持长期、有效增长。

8.1 布局治理结构

华为拥有比较完善的内部治理结构，各治理机构权责清晰、责任聚焦，但又分权制衡，使权力在闭合中循环，在循环中科学更替。

8.1.1 组织重构的背后

在不断更新的互联网技术之下，很多企业在组织架构上都做了非常多的变化和调整，比如海尔创造了“人单合一”模式，让一家大型制造企业拥有了个性化定制能力等。这些变化和调整能够帮助企业一线业务部门快速集结各方资源，更快地适应瞬息万变的市场，更好地为客户服务。

华为的组织架构也在不停地微调。华为强调“没有成功，只有成长”，要跟随外部环境进行组织调整与战略变迁。

例如，华为对董事会原有的四大委员会做出了适当调整，将战略与发展委员会的权力下沉至各业务部或业务单元（BG/BU）的经营管理团队（EMT），将人力资源委员会与财经委员会合并至平台协调委员会，使审计委员会依然保持独立且高度集权在集团。在组织架构上，华为在2020年成立第四大业务群——Cloud & AI（云和人工智能）BG；2021年将原本隶属于华为CBG（消费者业务部）的终端芯片业务部“海思”独立出来，成为与华为云计算、智能汽车解决方案BU并列的一级部门；从2021年开始，陆续成立各大军团。

军团模式是华为在面对美国不断打压下的战略举措，也是华为在公司体系变革基础上利用自身优势面向行业做出的创新。而在背后支持这一创

新战略的，是华为长期以来坚持的治理发展模式。

2017 年，华为出台了治理章程，其中界定了各治理机构的权责以及各治理机构相互间的关系；确立了持股员工的产生、评议、选举办法；建立了治理领袖群体迭代更替机制，以及这种机制的民主化进程；明确了监事会远期职责、权力以及过渡期的管理权限与运作方式，为华为的长远、稳健发展奠定了坚实基础。

华为的治理机构包括董事会、董事会下属专业委员会、职能部门以及各级管理团队等，实施的是统治与分治并重的创新治理体系，采用“横向分权，纵向授权”的权力结构，各治理机构均有清晰的授权与明确的问责机制，从不同方面践行和维护公司的共同价值。集团治理机构是统治核心，掌握战略洞察、边界与规划、关键干部和整体监管等责权，把控公司的共同价值；中央平台拥有集团统治实施的管控、监督责权以及集团能力支撑与服务职能；各差异化业务体系是分治系统，拥有具体战略决策、作战指挥等责权。

在“横向分权，纵向授权”的权力结构中：①统治系统各机构间是分权制衡关系，比如轮值董事长、常务董事会及董事会领导的行权都要受持股员工代表会批准的规则约束，他们的履职行为也要受到监事会的监督。②统治系统与分治系统间是授权与监管关系，授权而不是分权，意味着决策权力是授给下面的，但监督权仍在公司。比如，公司 CFO 负责全公司内控管理，内控管理部门向公司 CFO 汇报内控缺陷和改进情况，协助 CFO 建设内控环境，内部审计部门对公司所有经营活动的控制状况进行独立的监督评价。既然接受了授权就要接受监管，把该管的管住了，才能把要授的授下去。授权就是要在合理的宏观把控下，让各 BG/BU 增加自身活力，而不是让它们脱离公司。

截至 2021 年底，华为拥有 19.5 万名员工、业务覆盖全球 170 多个国

家和地区，以年度销售收入6368亿元位列《财富》世界500强排行榜第44位。华为能够在被持续打压的背景下“有质量地活下来”，其良好的治理体系发挥了至关重要的作用。

8.1.2 对权责利的考量

权责利原则是指管理过程中的权力、责任、利益既结合又统一的管理方式与过程。在企业经营管理中，权就是权力，是个人职责范围内的支配力量，包括管理人的权力和对人力等资源的调动权和分配权。责就是责任，包括所在职务上应承担的工作职责，或者是因没有做好本职工作产生不利后果需要承担的责任。利就是利益，是指在某一个职位上应享受的利益，包括工资、福利及名誉等。

权力、责任、利益是管理者实施管理的“三要素”，三者相辅相成、相互制约、相互作用。权与利的关系往往决定了责任能否落实，如果权与利不匹配，往往会给企业带来很多问题。

【案例】权与利不匹配给企业带来的问题

（1）权大利小，导致“权力寻租”。

“权力寻租”是指把手中的权“租”给他人换取利益。针对这类问题，最好的解决方式就是分权。在企业中，采购、行政、营销推广等部门都是“潮湿”之地，必须做好分权，不能将权力高度集中于个人，否则再高的奖金也不如贪占来得快。

（2）权小利大，引发“内耗冲突”。

给了足够的利益诱惑，却不授予相应的权力，会使上下级陷入资源争夺战，引发内耗，给优秀的员工造成伤害。

（3）权小利小，催生“消极怠工”。

权小利小是员工消极怠工的主要原因，权小导致“这件事我不可能做

好”，利小导致“这件事做好了对我也没用”。

在对权责利的考量方面，华为重点确立了轮值董事长制度和员工持股制度。轮值董事长制度确定了公司权力的交替，解决了公司发展的方向性问题；员工持股制度解决了财富创造和分配机制问题，保障了组织的活动。

（1）轮值董事长制度。

对于领导者来说，想要把权力集中起来容易，但想要把权力合理分配下去，并保持权力的平衡和公司的持续发展是非常困难的。

2018 年，华为开始实施轮值董事长制度。轮值董事长并非轮流当董事长，而是一个职位；董事长又是另外一个职位。董事长是公司的形象和虚位领袖，主要负责对外开展工作，同时又有主持持股员工代表会对治理相关规则及重大问题表决的权力；轮值董事长在当值期间是公司最高领袖，领导公司董事会及董事会常务委员会，主要对内主持工作。董事长和轮值董事长既有分权又有制衡。

（2）员工持股制度。

员工持股制度是指员工工作满一定期限后，公司会根据员工表现给予其一定的股权认购额度，员工可自愿购买并在每年按照股权获取分红。华为能始终保持强大的竞争力，离不开员工持股制度的推行。员工持股制度将华为的长远发展和员工的个人贡献及发展有机地结合在一起，形成了共同奋斗、分享机制。

华为是一家几乎完全由员工持股的民营企业，通过工会委员会实行员工持股制度。华为 2021 年年报数据显示，截至 2021 年 12 月 31 日，华为创始人任正非仅持有公司约 0.84% 的股份，其余 99.16% 的股份由公司

131 507 名员工共同持有（见图 8-1）。

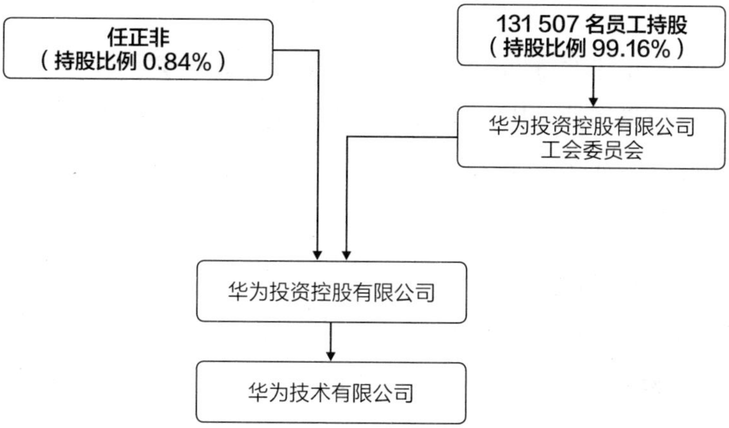

图 8-1　华为股权结构

华为之所以能够扎根现实发展，参与全球竞争，正是因为坚持了以全体员工为公司的权力和利益主体的人本性，确立了权利与责任平衡、绩效与收益匹配的分权共治、分利共享的治理原则。

8.1.3　华为治理结构的演进

华为的治理结构比较特别，采用高层轮值制。在过去的 30 多年里，华为对其治理结构进行了三次演进（见表 8-1）。

表 8-1　华为治理结构的演进

阶　段	治理结构
1987—2003 年	CEO 负责制：任正非任 CEO 负责公司管理
2004—2010 年（第一次演进）	轮值 COO 制：由 8 位副总裁构成，每人轮值半年
2011—2017 年（第二次演进）	轮值 CEO 制：由 3 人构成，每人轮值半年
2018 年至今（第三次演进）	轮值董事长制：由 3 人构成，每人轮值半年

2004 年是华为治理结构的分水岭。在此之前，华为延续着高度集权的治理结构，所有战略和经营的重大决策基本都是任正非一人说了算，这在给公司带来效率的同时，也造成了不少问题。随着华为国际化的规模扩张和全球地位的提升，任正非开始意识到，公司靠一个人领队是不可持续的，一旦决策错误，就会给组织造成严重的后果，导致公司出现“只有高层，没有高管”的局面，不利于接班人体系的建立。

2004 年，根据人力资源管理咨询机构美世咨询的建议，华为取消了沿用 10 多年的常务副总裁职位和总裁办公会议，成立了 EMT（经营管理团队）。EMT 成员由华为 8 位核心高管孙亚芳、费敏、洪天峰、徐直军、徐文伟、胡厚崑、郭平、纪平构成，各成员轮流负责决策牵头工作，每人轮值半年，轮值期间相当于 COO（首席运营官），涉及战略性的重大决策依然由任正非负责把控。轮值 COO 制的建立，标志着华为正式开始从任正非的个人决策体系向集体决策体系转型。

2011 年，轮值 COO 制升级为轮值 CEO 制。轮值 CEO 由 3 位副董事长郭平、徐直军、胡厚崑轮流担任，每人轮值半年。轮值 CEO 在当值期间要对公司的生存和发展负责，是公司经营管理以及危机管理的最高责任人，这是相较于轮值 COO 制的最大区别。

2018 年，轮值 CEO 制升级为轮值董事长制。轮值董事长依然由郭平、徐直军、胡厚崑轮流担任，执行上没有明显变化。2022 年 4 月，轮值董事长调整为徐直军、胡厚崑、孟晚舟。相较于轮值 CEO，轮值董事长在当值期间是公司的最高管理者，进一步强化了轮值高管的责任，拥有更高的决策权。但不管谁担任轮值董事长，在决策内容上都要保持一致性。

华为采用高层轮值制，是为了防止公司权力过于集中，同时也是在为公司选拔接班人。华为善于学习和借鉴，其高层轮值制的灵感来自“雁阵”。

大雁南迁时，数百只甚至数千只大雁汇集，由经验丰富的头雁带领，列队飞行，人们称之为“雁阵”。飞行中，大雁翅膀尖上会产生一股微弱的上升气流，排在后面的大雁可以借助这股气流飞行以节省体力，但头雁因为受到的风阻很大，很容易疲劳，所以在长途迁徙过程中，雁群需要经常变换队形，更换头雁。雁群之间密切协作，产生了让它们飞得最快、最省力的飞行方式。

华为是最先采用这种高层管理模式的大型企业，之后，陆续有一些成熟的大公司开始借鉴尝试。

华为高层轮值制能够实行十几年，与任正非的超强精神影响力有很大的关系，其他企业不一定能够长期适用轮值的制度安排。任正非也曾经表示，CEO 轮值制度是不是好的办法，是需要时间来检验的。

8.2 坚持民主集中制

华为在治理层实行集体领导，不把公司的命运系于个人身上。集体领导遵循共同价值、责任聚焦、民主集中、分权制衡的原则。

8.2.1 华为的民主集中制

民主集中制能够消除传统企业任人唯亲的弊端，以全体公司员工共同的意见和决定来执行，而不是由领导者一人说了算。华为的决策机制采用了民主集中制，它让公司员工充分发表自己的看法，然后对所有的意见进行讨论，最后得出结论。

华为的民主集中制有以下几个特点：

（1）民主决策，权威管理。

华为的决策体系是“民主决策，权威管理”，即决策前充分讨论，尽最大可能取得共识，做好决策后要彻底执行，实行权威管理。决策遵循“从贤不从众”的原则。任正非反对绝对的“少数服从多数”的决策模式，认为真理往往掌握在少数人手里。也就是说，10 多万名股东所一致决定的事，有时也未必是正确的。因此，任正非保留了“一票否决权”。针对“一票否决权”，任正非曾表示，因为公司整个治理层（持股员工代表会、董事会、监事会等）是持股员工民主选举一层层选上来的，华为的管理者也害怕员工将来草率投票导致公司命运大波折，就保留了他的否决权。这个否决权将来可以被继承，但不是由任正非的亲属继承，而是将来从公司高层中选出 7 位精英，由集体继承。这时他们已处在离职状态了，半退休状态，会比较公平。

（2）是一种行之有效的人才管理方式。

在创办华为的时候，任正非的用人理念是任人唯贤。究竟谁有能力、谁做出的贡献大，由全体员工说了算，这些都需要用民主决策的方式来完成。

在重视民主决策的同时，也要保证决策的效率。因此，按照民主集中制原则建立起强有力的领导团队是华为治理体系的重中之重。华为实行集体领导负责制，采用高层轮值制，有效约束经营管理者，同时在出现决策失误时及时止损。

（3）是《华为公司基本法》产生的原因之一。

任正非认为，成败系于一人，公司的命运维系在领导者一人身上，这样的公司是脆弱的，是难以持续的。公司要避免对最高领导权威的迷信，反对各种形式的独裁和专制，而避免这类现象的最好方法就是建立一套完备的体系，这样公司才能做到“无为而治”。

华为的员工持股制度、决策制度等都体现了民主集中制的特征。没有民主就没有自由，就会只有一种声音，就会是一潭死水；没有集中就没有

统一，就会是一盘散沙。国家如此，企业亦如此。

8.2.2 民主集中与分权制衡

华为采用矩阵式组织架构，使每个业务单元相对独立，但又共同服务于一个整体业务目标，这既可以体现民主集中的过程，又可以让各治理机构分权制衡。没有权力什么事都做不成，但权力是一把“双刃剑”，既要避免权力过于集中，因不受约束而被滥用，也要有制衡，但又不能掣肘。

任正非在参观埃及金字塔时，发现一根陈列在橱窗里的四千多年前的麻绳，至今还是拧得紧紧的，从中领悟出了“拧麻花”的平衡管理艺术：两股对立的力量同时作用、相辅相成，就像“拧麻花”一样，一个往左使劲、一个往右使劲，结果是绳子越拧越紧、达到最佳状态；企业管理机制也要像“拧麻花”一样，将矛盾的双方把握得恰到好处，使其达到整体最佳的状态。

因此，华为在民主集中的同时又分权制衡，采用既分工又合作、全员参与、动态优化的治理结构，更好地实现部门间的协同作战，提升企业的管理效率。

华为坚持贯彻“立法权”大于“行政权”的运行机制，将最高权力放在集体领导、规则遵循、行为约束的“笼子”里，形成了股东会、董事会、监事会分权制衡的机制。

当值期间的轮值董事长受常务董事会集体领导的辅佐与制约，常务董事会的决策须经董事会的授权，董事会的决策须按董事会议事规则表决确定。轮值董事长、常务董事会及董事会的行权都要受持股员工代表会批准的规则约束，他们的履职行为也要受到监事会的监督。

同时，华为未来可能让退出历史舞台的董事会成员、监事会成员或高层领袖组成公司的核心精英团队，把控治理领袖的选拔，维护公司的长远利益。这个设计吸收了世界各国重要百年公司的治理经验。

为了完善干部监察和威慑系统，使干部既可以放开手脚开展工作，又不会出现越轨行为，华为在干部任用、评议和激励上也采用分权制衡的机制：将干部建议权 / 建议否决权、评议权 / 审核权、否决权 / 弹劾权分立运作。

（1）建议权 / 建议否决权：赋予日常实际管理干部、员工的相应行政管理团队以及对应的矩阵管理组织。

（2）评议权 / 审核权：赋予华为员工培训中心、专业委员会以及相关的人力资源部门。

（3）否决权 / 弹劾权：赋予跨部门委员会、党委组织干部部等组织。行使否决权 / 弹劾权要有事实依据，各级员工举报都采用实名制，如果经过调查确认属实，就可以行使否决权 / 弹劾权。

下面是华为某代表处代表任命全流程（示例）（见图 8-2）。

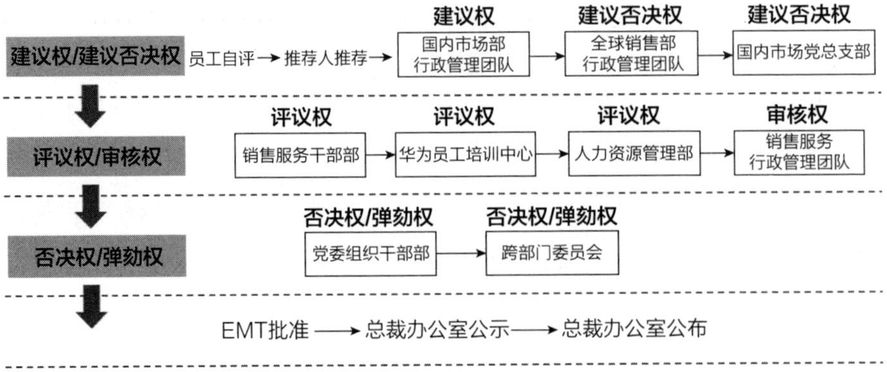

图 8-2　华为某代表处代表任命全流程（示例）

分权制衡的机制体现了集体领导的运作精髓，可以维护公司的整体利益，有利于公司长期稳健发展。

8.2.3 华为的中枢权力机构

在华为的公司治理结构中，股东会是最高权力机构，由工会委员会和任正非两名股东组成。工会委员会履行股东职责、行使股东权利的机构是持股员工代表会，持股员工代表会由115名持股员工代表组成，持股员工代表和候补持股员工代表由享有选举权的持股员工选举产生，任期五年。

持股员工代表缺位时，由候补持股员工代表依次递补。持股员工代表产生后，由持股员工代表一人一票选举产生公司董事会、监事会。董事会与监事会分别下设常务委员会，董事会常务委员会是董事会的常设执行机构，在董事会的授权下进行决策及监督执行；监事会常务委员会在监事会的授权下开展日常工作。下面是华为员工选举制度示意图（见图8-3）。

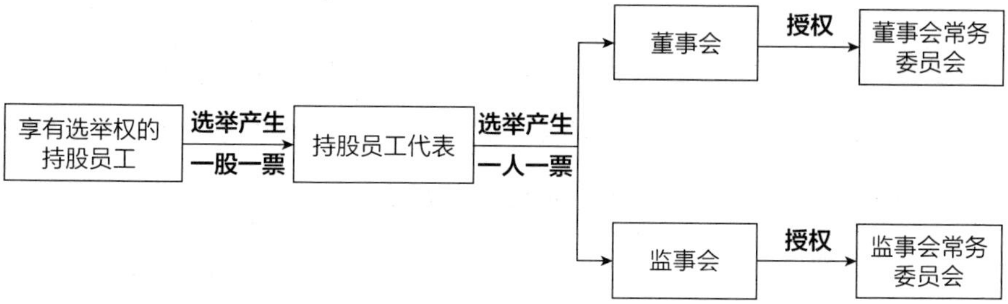

图8-3 华为员工选举制度示意图

2021年，持股员工代表会召开了两次会议，审议通过了董事会关于公司财务及经营情况的报告、监事会工作报告、年度利润分配方案、年度增资方案、监事会制度以及监事会选举办法等。作为公司的中枢权力机构，如何才能让股东会长期有效发挥作用呢？

（1）工会委员会和任正非主观上不忘初心、慎独自律。

多年来，华为一直强调要不忘初心，长期坚守价值观。华为文化承载了华为的核心价值观，不断强化“为客户服务是华为生存的唯一理由”，提升员工的客户服务意识，使华为以客户为中心的战略导向能够层层分解

并融入所有员工的工作中。另外，华为还强调自我批判和危机假设，坚信只有长期坚持自我批判和危机假设的公司，才有光明的未来。

（2）谨慎使用“一票否决权”。

轻易使用“一票否决权”，可能会导致集体受到很大伤害。这个权力主要以威慑为主，多年来，任正非也基本没有用过。在华为，任正非有巨大的影响力，这种影响力主要来自企业文化，而不是“一票否决权”。任正非称自己是“文化教员”，是靠他的那些文件和讲话来影响公司的，他曾说：“思想权和文化权是企业的最大管理权。”

（3）保留“蓝军”对工会委员会和任正非的批评建议权。

蓝军，原指在军事演习中扮演假想敌的部队，专门与红军进行有针对性的对抗。华为的蓝军参谋部成立于 2006 年，其定位是培养组织的自我批评能力。

蓝军用其强大的逆向思维能力，指出红军在战略、产品、解决方案上的漏洞和问题。华为蓝军有三个代表性的谏言：第一个是 2008 年提出“不能出售终端业务”，即手机产品线；第二个是 2016 年提出“员工富贵化”，即薪酬过高；第三个，也是最吸引眼球的是 2018 年与华为思想研究院推出的“任正非的十宗罪”。蓝军机制对于华为抵抗“熵减”、保持长期活力有着非常重要的作用。

（4）确立有效的接班人制度。

用企业核心价值观约束、培养接班人，坚持正确的干部选拔、任用、管理与培训机制，才能让企业长治久安。华为的干部要担负起公司价值观的传承，遵循正确的导向。任正非对干部坚持“两个否决”：没有自我批判能力的，一票否决；品德有问题的，一票否决。

（5）确保股东会依法行权。

在法制化、市场化的堤坝内有序运营。华为的股权在法律上属于虚拟股票，而实际上是员工持股，这是参照当时深圳市公司内部员工持股的规定设计的，所以能够得到深圳市政府的批准。

华为股东会的持股员工既是公司的所有者，也是公司的建设者，他们通过持股员工代表会行使股东权利，对公司增资、利润分配、选举董事/监事等重大事项做出决策，保证公司的整体利益不被损害。

8.3 激活干部群体

华为坚持从实践中选拔与发展干部，在关键战场上识别优秀人才并给予机会，促进人才辈出，激活干部群体，打造崇尚战斗意志和求真务实精神的干部队伍。

8.3.1 非常时期，非常考验

从 2019 年 5 月开始，美国对华为实行了一系列的打压措施，包括限制芯片的购入、禁止谷歌等企业与华为合作、把华为列入“实体名单”等。历经美国三年四次的打压，华为业务受到了很大的影响。外界曾将这段时期称为华为的“至暗时刻”。

为了在这次前所未有的挑战中生存下去，华为进入“战时状态”，坚持奋斗者文化和核心价值观不动摇，有序推进组织与人才的各项变革，提升组织能力和组织效率。

（1）精兵简政，淘汰平庸干部。

2019 年，任正非在华为干部管理工作汇报中表示，要抓紧时间精兵简政，加快干部专家破格提拔步伐，加快对平庸干部的淘汰。面对不断打压，华为精兵简政，减少那些不贡献或贡献不大的员工，淘汰那些平庸、惰怠和落后的干部。同时，对有突出贡献的优秀员工，破格提拔任用，以支撑、保障一线作战队伍换血，从而保持华为的强大战斗力。华为要求每

个体系都要调整到冲锋状态，不要设置那么多条条框框，鼓励所有人发挥聪明才智，英勇作战，努力向前冲。

（2）持续吸引、招募顶尖人才。

2019 年，华为发起用顶级薪酬和顶级挑战去吸引顶级人才的招募计划，即“天才少年计划”。2019 年，任正非在华为 EMT 内部讲话中提出，华为今年将从全世界招募 20 ~ 30 名“天才少年”，明年还想从世界范围招募 200 ~ 300 名。让这些“天才少年”像“泥鳅”一样，钻活华为的组织，激活华为的队伍。华为还以电邮的形式发布了 8 名“天才少年”的年薪方案，最低为 89.6 万元，最高为 201 万元。2020 年，华为启动基础科学家来华的计划，吸引物理、数学、化学等基础科学家来华开展基础科学的研究。华为致力于输入年轻化、极具创造力的新鲜血液，吸引更多的人才进入华为，激发整个组织的活力。

（3）组建军团，集结精英人才。

2021 年，华为开始组建军团，形成 ICT 与细分场景的一体化；坚持“压强原则”，将具有鲜明行业特征和巨大市场空间的业务单独拎出来，集合基础研发和商业应用等各部门精英人才协同作战，实现高效率。

华为消费者业务 CEO 余承东在 2022 年华为智慧办公春季发布会上表示，现在对华为来说非常艰难，但华为永不言弃。他呼吁华为人齐心协力，跨过寒冬，一同迎接春暖花开。面对非常时期的非常考验，华为不断提升公司战斗力，让员工充满信心，组织充满活力。如果没有华为的人才策略，就不会有华为今天令美国忌惮的局面。

8.3.2　激活人才，赛出“将军”

任正非指出：“我们正面临历史赋予的巨大的使命，但是我们缺乏大量经过正规训练、经过考验的干部。华为现在的塔山，就是后备干部的培

养。公司在发展过程中到处都缺干部，干部培养不起来，我们就可能守不住阵地，可能要败退。”下面是华为管理者的职业发展路径（见图 8-4）。

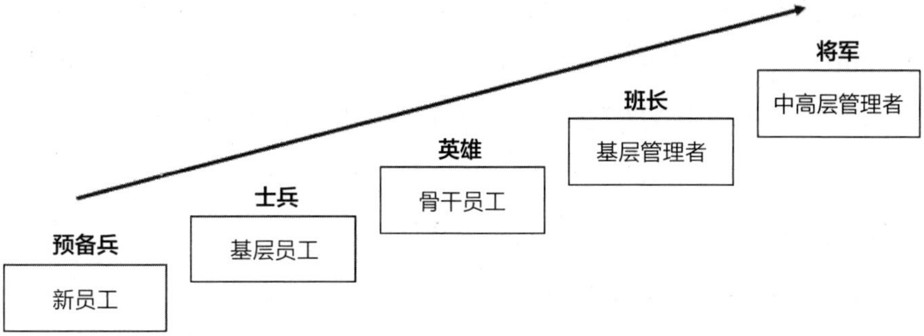

图 8-4 华为管理者的职业发展路径

华为管理者的培养过程分为三个阶段：基层历练、训战结合、理论收敛。

（1）基层历练阶段。

对于基层员工，华为希望他们“在自己很狭窄的范围内，干一行，爱一行；干一行，专一行”，以技术技能开发为主，在本职岗位上不断提高绩效水平和业务产出。任正非强调：“公司永远不会提拔一个没有基层经验的人做高层管理者。遵循循序渐进的原则，每一个环节对您的人生都有巨大的意义，您要十分认真地对待现在手中的任何一件工作，十分认真地走好职业生涯的每一个台阶。”华为需要的是一批业精于勤、行成于思，有动手能力和管理能力的干部，所以干部要通过实际工作证明自己的能力。华为选拔干部主要依据的是实际才干，学历只是一个参考因素。

（2）训战结合阶段。

有管理潜力的人才通过基层实践被选拔出来后，将进入培训与实战相结合的阶段。公司会让他们参与跨部门、跨区域的岗位轮换，进行相应的赋能培训。

针对实战部分，华为关注干部的“之”字形成长，即岗位循环与轮换。

《华为公司基本法》规定：没有周边工作经验的人，不能担任部门主管；没有基层工作经验的人，不能担任科级以上干部。

针对培训部分，华为员工培训中心专门开发了后备干部项目管理与经营短训项目（简称“青训班”）和一线管理者培训项目（简称“FLMP”）。任正非说过：“华为干部资格要求一定要是成功的项目经理，有成功的项目实践经验。项目管理做不好的干部，去管理代表处和地区部就是‘昏君’。”华为希望通过培训赋能输出“能担当并愿意担当的人才”。

（3）理论收敛阶段。

华为从基层到高层的培养是不断收敛的，逐步选拔出优秀的人才。中高级干部要视野宽广、思想活跃，要能实现从“术”到“道”的跨越，并在商业和技术模式上进行创新，才能成为真正的“将军”。因此，华为要求干部要学习公司文件，领会高层智慧精华。那些不学习公司文件，仅凭自己的经验干活的干部是会被淘汰的。

为了选拔出能打胜仗的“将军”，华为坚持实行“能上能下”的干部制度。在 2020 年 3 月 31 日华为发布 2019 年年报时，轮值董事长徐直军表示：

要实现常态化的“能上能下”，大胆在火线中选拔、在战壕中提拔，要让优秀的人员直接穿越上来，要把真正帮助客户成功、在关键岗位上做出贡献的人提拔上来。同时，加快对平庸干部的淘汰，坚决把不思进取，靠混关系、做报告坐上管理岗位，历史上挖过坑的干部撤下来。要主动规划队伍的梯队化建设，使干部队伍保持 10% 的淘汰率。要打造一支作风过硬、能打胜仗的干部和员工队伍，使组织充满活力、队伍充满战斗激情，并具有高水平的专业能力。

对于优秀的人才，华为给予他们更大的舞台，让他们在实践中成长。

无数名默默无闻却有着雄心壮志的大学生，在华为不断地培养、赋能及实战下，从一名“预备兵”开始，经过三年、五年、十年的成长，成为一名名骁勇善战的“将军”，带领团队打下无数个山头。

8.3.3 在“战争”中培养接班人

接班人计划，又称继任计划，是企业通过建立系统化、规范化的流程来寻找、确定具有胜任能力的梯队人才，并且有计划地对其进行培养。它是企业人才管理的一项战略任务。

自创业初期开始，任正非就非常重视培养接班人，并将培养接班人作为各级管理人员最为重要的职责，以及能够得到提拔的前提条件。

2007 年 1 月 8 日，任正非在财经变革项目规划汇报会上说道：“作为一个领导，最重要的职责就是培养接班人，不培养接班人，就是对公司最大的不负责。”任正非说的接班人不是指一个人，而是整个团队。

《华为公司基本法》中明确规定，“只有进贤和不断培养接班人的人，才能成为领袖、成为华为各级职务的接班人，高、中级干部任职资格中最为重要的一条，就是能否举荐和培养出合格的接班人”。

华为之所以在实行干部轮岗、末位淘汰等干部管理政策下，能够一直保持良性运转，不对业务造成冲击，就是因为华为有干部继任计划。华为的继任计划（TSP）是干部管理的基础，让干部队伍有充足的继任储备，在进行干部任免或调动时，不会出现后继无人的情况。

华为干部继任计划从业务战略出发，基于组织、岗位、人才的需求，通过识别关键岗位、明确岗位要求，重点培养能够达到岗位要求、有能力引领公司走向成功的管理者和继任梯队。华为对继任计划工作有以下几个要求（见表 8-2）。

表 8-2　华为对继任计划工作的要求

序　号	要　求
1	继任梯队干部要在上岗前达到相关要求，包括岗位要求、能力要求、资格要求等
2	继任梯队干部除了要达到能力要求，还要有实践经验
3	严格控制专职的副职岗位，不能用副职岗位来锻炼继任人选
4	有计划地建立多梯队、多梯次的人才通道，让每层梯队都有继任者和实战者，各个梯队朝着同一个方向冲锋
5	贯彻多层人才流动，不仅要让领军作战的人才成长，也要盘活基层人才

2017 年 5 月 27 日，任正非在继任计划工作汇报会上提出，华为的继任计划项目应该在人才选拔完成后，将继任候选人按照继任准备程度分为三个等级，并采取相应策略：

（1）聚焦精准，即成熟人才。策略：如有岗位可以马上安排其上岗。

（2）聚焦发展，即高潜质人才。策略：经过半年锻炼可以上岗，可有针对性地为其制订未来 1 ~ 2 年的个人培养发展计划。

（3）聚焦潜力，即梯队储备人才。策略：经过 1 年或者更长时间的培养和历练可以上岗，可指引其确定未来 3 ~ 5 年的职业发展路径。

华为将干部后备梯队分为管理三级干部后备队、管理四级干部后备队、管理五级干部后备队、员工干部预备队四个层级。在《华为公司干部后备队管理办法》中，华为针对不同层级岗位的后备干部选拔，制定了详细的标准。

管理三级干部后备队从优秀员工中选拔，管理四级干部后备队从优秀的三级管理者和跨部门团队核心成员中选拔，管理五级干部后备队从优秀的四级管理者和重量级跨部门团队核心成员中选拔。管理三级、四级、五级干部后备队都会进入华为员工培训中心学习。员工干部预备队为有潜力的优秀员工，华为不对这些员工进行专门培训，而对他们进行跟踪考察和

牵引，以促进其快速成长。

一个企业的各级管理者，特别是最高管理者能否顺利地进行交接班，是一个企业能否不断地获得商业成功、能否持续发展的重要因素。为了让管理者能够无后顾之忧地去培养接班人，华为提出了隔层级培养的方法：让管理者培养自己下级的接班人。如此一来，大家就都有了积极性。管理者们不用担心“教会徒弟，饿死师父”，也不用担心下级“撂挑子”。

面对商业环境变化的不确定性，华为在“战争”中培养接班人。华为每年会根据业务战略需求构建和调整人才梯队，使干部召之即来，来之能战，敢打胜仗，能打胜仗，牵引华为高速成长，基业长青。

8.4 发挥监事会职能

企业想要保持健康有序的发展，除了要做好经营管理工作，还要建立一套完整的监督机制，发挥监事会职能。

8.4.1 监事会的配置

监事会是股份公司必备的法定监督机构。按照《中华人民共和国公司法》(以下简称《公司法》) 对监事会的设置要求，有限责任公司和股份有限公司设置的监事会，其成员不得少于 3 人，股东人数较少或者规模较小的有限责任公司，可以设 1 ~ 2 名监事，不设监事会。相较于一般公司，华为监事会的规模较大、人员配置较高。

华为监事会成员由持股员工代表会选举产生，并经股东会表决通过。经过新一轮的监事会换届选举之后，华为监事会成员共有 15 名：监事会主席 1 名，监事会副主席 2 名，常务监事 4 名，监事 8 名。与一般公司只

有 1 名监事会主席和 2 ～ 4 名监事的规模相比，华为监事会的规模是非常大的。就公司内部来说，监事会比董事会成员数量更多。华为新一届的董事会只有 13 名成员：轮值董事长 3 名，董事长 1 名，常务董事 2 名，董事 7 名。下面是华为监事会和董事会人员规模（见图 8-5）。

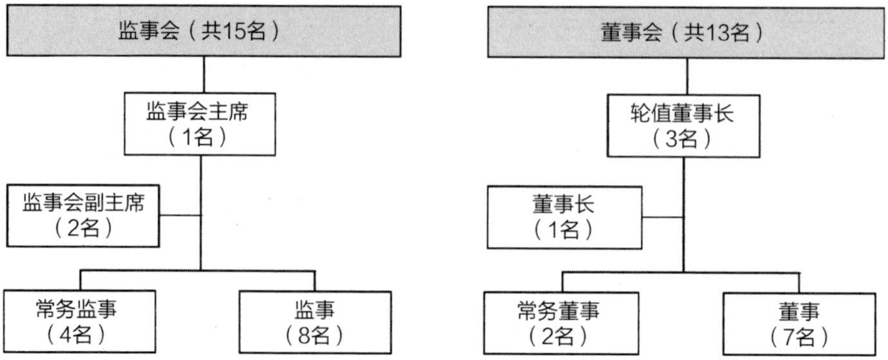

图 8-5　华为监事会和董事会人员规模

华为监事会的人员配置较高，和董事会基本相当。比如，监事会主席是原轮值董事长排名第一的郭平，监事中有 7 名也是原董事会成员。在一般公司，监事会主席的配置可能比较高，但监事的配置通常不高。

华为监事会还设常务委员会。常务委员会是监事会的常设执行机构，在监事会授权下开展工作，包括受监事会委托对重大事项进行研究，对监事会授权的事项进行决策并监督执行等。一般公司往往只有监事会主席，很少有监事会副主席，设常务监事和常务监事会的更是少之又少。

8.4.2　监事会的职责变化

从 2010 年华为首次公布其监事会构成，到 2022 年新一轮换届选举，华为监事会的职责也在渐渐地发生改变。

2010 年底，华为首次公布其监事会构成。当时的监事会成员由全体持股员工代表选举产生，由 1 名监事会主席和 4 名监事组成，其中监事会

主席由梁华担任。华为当时对监事会的定位：按照《公司法》的要求，公司设立监事会；监事会主要职责包括检查公司财务和公司经营状况，对董事、高级管理人员执行职务的行为和董事会运作规范性进行监督；监事列席董事会会议。

2018 年 3 月，华为持股员工代表会和股东会进行了新一轮的监事补选工作，产生了新的监事会，并设立了常务监事会。新监事会由 1 名监事会主席、5 名常务监事和 4 名监事组成，其中监事会主席由李杰接替梁华担任。新监事会的总体定位依然是行使监督职权，监事列席董事会会议和 EMT 会议。此时，监事会主席都是由财务、人力资源领导担任的，监事会在规模和职权上都无法和董事会相提并论。

2022 年 3 月，新一届监事会出现了重大变化，人员规模增长至 15 人，比董事会更大。华为对监事会进行重新定位：监事会对公司的生存发展和命运负责，其基本职权包括领袖管理、业务审视和战略前瞻。可以看出，监事会拥有非常大的权力——不仅有监督职权，还有领袖管理和战略前瞻的职权。另外，华为在子公司层面成立的董事会，都归监事会领导。

新一轮换届选举后的监事会与董事会旗鼓相当、分庭抗礼，这背后的原因大概有三个：

（1）华为治理的本质要求。从治理的本质上来看，华为不是公司制，而是合伙制。它是由任正非（普通合伙人）和工会委员会（有限合伙人）共同组成的“大号”合伙企业，实行的是类似于会计师事务所和律师事务所的合伙人制度。华为的董事会成员全部由内部合伙人构成，同时他们又都是执行董事，也就是说，董事会和经营层高度重合，甚至是一体的。在这种情况下，董事会对经营层的监督就失效了。于是，华为必须成立一个强有力的监事会来对其进行监督和制衡。

（2）任正非退出的布局考虑。根据公开报道可知，华为已考虑“后任

正非时代”的“一票否决权”的传承问题：华为会从退出历史舞台的董事会成员、监事会成员和高级领导中，选举七个人，将他们组成一个核心精英团队来行使“一票否决权”。因此，华为强化监事会可以被视为任正非退出的布局考虑，即强化监事会职责，使其能够担当“执剑人”的角色。

（3）高层有序更替的需要。华为的董事会总要新老交替，但作为奋斗多年的职场老将，积累了丰富的宝贵经验，一下完全退下来会造成公司的损失；这时，让这些老董事们去监事会任职是一个不错的选择。另外，任正非主张要把合适的人放在合适的位置上，这样才能发挥他们最大的功效。有的人敢冲敢打，适合在董事会指挥战斗；有的人则善于辅佐和监管，适合在监事会监督平衡。任正非将它们称为主官和主管，并加以区别任用。

截至 2022 年，监事会是华为的最高监督机构，代表股东行使监督权。华为 2021 年年报显示，监事会在 2021 年共召开了 13 次会议，对公司年度财务报告进行了审议，对重点风险领域开展了巡视和检查，对公司的经营管理进行了监督，对子公司董事的工作进行了指导和管理等。监事会成员列席了全部董事会会议，对董事会决策事项及运作规范性进行了监督，对董事履职情况进行了监督，并对 2020 年度董事履职情况进行了评价。监事会成员规模的扩大，是为了进一步加强监管，防止公司出现重大问题。

8.4.3　与董事会的功能互补

一个公司只有内部组织各司其职，才能确保有序发展和扩张，其中董事会和监事会是两个非常重要和关键的组织，它们是监督与被监督的关系。

华为的董事会成员是由股东推举出来的，必须对股东负责。董事会作为公司的经营决策机构，依法对公司进行经营管理，对外代表公司进行业

务活动，对内管理公司的生产和经营。下面是华为董事会的主要职责（见表 8-3）。

表 8-3　华为董事会的主要职责

序　号	主要职责
1	制订公司治理方案
2	审议公司注册资本增加或减少方案、利润分配方案及弥补亏损方案
3	审议公司股权激励计划、非股权的长期激励计划
4	审议或批准公司进入或退出产业领域，批准公司战略规划
5	批准重大的组织变革与调整、管理机制建设和业务变革
6	批准重大的财经政策、财务规划与商业交易
7	批准公司年度预算方案、年度经营报告及年度审计报告
8	批准公司高级管理人员的任免、薪酬、长期激励
9	批准公司层面的重大人力资源政策及规划
10	批准事关公司的重大风险和重大危机的管理方案，管理重大突发事件
11	批准内控与合规体系的建设

华为董事会根据需要，组建了相关专业委员会来辅助决策，分别为人力资源委员会、财经委员会、战略与发展委员会、审计委员会。

（1）人力资源委员会：在董事会授权范围内，进行人力资源管理关键政策和重大变革的制定、决策以及执行监管，对公司组织、人才、激励和文化等的综合管理和提升负责。

（2）财经委员会：是企业价值的综合管理者，在董事会授权范围内，负责对经营活动、投资活动和企业风险进行宏观管控，使公司在机会牵引与资源驱动之间达到动态平衡，实现公司长期有效增长。

（3）战略与发展委员会：是公司战略发展方向的思考者、建议者和执行的推动者，通过洞察行业、技术以及客户需求的变化趋势，寻找公司的

发展机会和路径；通过对产业投资、技术、商业模式和变革的宏观管理，实现公司的“力出一孔”和持续有效增长。

（4）审计委员会：在董事会授权范围内，对内部控制履行监督职责，包括对内控体系、内外部审计、公司流程以及法律法规和商业行为准则遵从等的监督。

华为监事会是独立的监督机构，虽然它没有实权，但是可以监督董事会，因此，董事会成员、高级管理人员不可兼任监事。公司应采取措施保障监事会的知情权，及时向监事会提供必要的信息和资料，以便监事会可以对公司财务状况和经营管理情况进行有效的监督、检查和评价。监事会可以对违反法律、行政法规、公司章程或者股东会决议的董事、高级管理人员提出罢免建议；当董事、高级管理人员的行为损害公司利益、股东利益时，监事会可以要求其予以纠正，严重时可以向人民法院提起诉讼，等等。

华为的董事会与监事会必须既有治理才能，又忠诚于治理章程。董事会“任人为贤”，其责任是“多打粮食，增加土地肥力”，带领公司前进；监事会“任人为忠”，对董事和高管的忠实勤勉履责予以监督。“贤”与“忠”并非对立的概念，它们是华为对董事会与监事会的不同要求及履责侧重。在监事会的监督下，由董事会确定战略方向、组织结构、管理制度，调动各种资源为客户提供优质的产品与服务。监事会和董事会的功能互补、权力制衡，共同促进公司的发展，维护公司的长远利益。

第9章
实现战略突围

面对外部环境的考验，为实现战略突围，华为秉承长期艰苦奋斗的精神，组建军团，力求做深做透行业，更好地为客户服务；强化根技术，提高软硬件综合能力，增强产业韧性，实现可持续发展。

9.1 重塑文化，重塑组织

正因为在过去数十年里，华为始终秉承“以客户为中心，以奋斗者为本，坚持艰苦奋斗，坚持自我批判”的企业核心价值观，并坚持在业务发展过程中贯彻落实，才能在“枪林弹雨”中屹立不倒，稳步前行。

9.1.1 没有退路就是胜利之路

“我对华为生存的信心更大了，而不是更小，因为我们有了更多克服困难的手段。”正如任正非在2021年初所说的，虽然芯片问题还没有解决，美国对华为的打压也一直存在，但是华为一直着力思考“未来该往何处去”，并在这个过程中不断寻求战略突破。

2022年3月，英国著名品牌管理和评估顾问公司Brand Finance发布《2022年全球电信行业150强报告》。该报告显示，华为在2022年全球十大通信基础设施品牌榜单（见表9-1）中，继续占据主导地位，位居榜单首位，其品牌价值为712.33亿美元。据该榜单过往资料可知，2015年，华为首次进入十强，位居第二；2016年荣登榜首，此后持续霸榜。

表9-1　2022年全球十大通信基础设施品牌榜单

排　名	品　牌	国　家	2022年品牌价值
1	华为（Huawei）	中国	712.33亿美元
2	思科（Cisco）	美国	265.99亿美元
3	诺基亚（Nokia）	芬兰	89.69亿美元
4	高通（Qualcomm）	美国	77.74亿美元
5	中兴（ZTE）	中国	36.75亿美元

仗”的思想传递下去，使之成为刻入华为人心中的文化烙印。

其实，华为并非这几年才着重强调“一切为了胜利，要打胜仗”的企业文化的，其核心价值观中有两句话，“以奋斗者为本，坚持长期艰苦奋斗”，这是对华为人日常行为、精神状态的一种描述，强调的是执行力；而“打胜仗”则是“要赢”，强调要有目标、有决心、有毅力。“目标导向 + 执行力”的综合，才是华为制胜的精神法宝。

2007 年，任正非在关于新员工培训的谈话中明确提出，华为人要艰苦奋斗，做一个奋斗者：“我们华为公司是以奋斗者为本的公司，我们确定的是以奋斗者为主体的文化。华为公司所有的制度、所有的政策是以奋斗来定位的，不能奋斗者就不是华为人，是要被淘汰的。我们建立各项制度的基本假设是，员工是努力奋斗的，而公司决不让雷锋吃亏。”

2008 年，任正非正式提出了“以客户为中心，以奋斗者为本，长期艰苦奋斗”的核心价值观。

2015 年，华为推出一则芭蕾舞脚广告，画面上是一双脚：一只脚穿着芭蕾舞鞋，光鲜亮丽；另一只脚却赤裸着，满是伤痕。整个画面内美与丑、优雅与不堪，形成了强烈的视觉冲击。

这则奇怪的广告一经发出，便引发热议。大众并不了解这则广告对于华为的意义。

广告中的这张照片是美国摄影家亨利·路特威勒（Henry Leutwyler）的一张名为《芭蕾舞》的摄影作品。“台上一分钟，台下十年功”，那只穿着漂亮舞鞋、光鲜亮丽的脚代表了鲜花和掌声，那只被挤压变形、伤痕累累的脚代表了成功背后的无数汗水和痛苦。

华为也是如此。当它站到台前，成为大众眼里的成功企业时，大多数人只看到它表面的光环，没有看到它一步步走来所付出的心血和历经的磨难，没有看到光环背后那双艰苦奋斗的“烂脚”。

在所有行业中，实业是最难做的，而电子信息产业又是所有实业中最为艰险的。对于既没有可以依靠的背景，也没有任何资源优势的华为而言，能得到今天的成绩，相当不容易。用任正非在达沃斯论坛上的讲话来说，就是：

因为我们起步太晚，成长的年限太短，积累的东西太少，我们得比别人多吃点苦。这只很烂的脚，就是华为的人，它解释了我们是如何走向世界的。

成功并不是一劳永逸的，而是一时的、短暂的。商业世界风起云涌，企业想要持续地做下去、做大做好，其艰难程度可想而知。

自 2019 年以来，华为遭遇的威胁和阻碍层出不穷。短短三年之内，就先后经历了美国四次打压。若不是华为自上而下一贯以奋斗者自居，几十年来始终秉持艰苦奋斗的文化精神，面对外部压力绝不妥协，对 ICT 创新永不放弃，很难说不会是一艘巨轮就此沉没。

罗曼·罗兰曾说：“伟大的背后都是苦难。”没有伤痕累累，哪来皮糙肉厚，自古英雄多磨难。在芯片问题悬而未决的当下，华为一鼓作气进行军团制组织变革。也许未来还会有狂风暴雨，但是华为会顶着风雨，高歌前进。

过去，华为交朋友、促合作，坚信艰苦奋斗就能跳出优雅的舞；而现在，为了自己，为了国家，华为要“赢”，华为人要把“打胜仗”的思想刻入心中，走向更加光明的未来。

9.1.3 重新变阵，激活组织与人才

庞大的组织结构，难免会给华为带来一些“大企业病”，比如机构臃肿、效率低下、人才老化等问题。因此，从某种意义上，对于华为来说，

外界的打压不失为一种机会——激活组织与人才的机会。

不同于一般企业，华为长久以来就有一套自己的激发组织活力的方法，即“熵减”理论。2017年9月，华为公司总裁办曾专门发布一篇名为《华为之熵，光明之矢》的文章，系统阐述了公司的“熵减”理论。

熵原本是一个热力学概念。1865年，德国物理学家克劳修斯首次引入熵的概念（能量的不可用/无法用于做功的程度）用以定量表述热力学第二定律。该定律表明：对于任一孤立系统，实际发生的过程总是向着熵值增大的方向进行，且这一自发过程是不可逆的。

“熵增”是指一个独立的个体（或封闭的系统）处于静止或平衡状态时，即高度差、温差、速度差等差距减少，可以对外做功的能量就会减少，逐渐进入不可使用的状态；反之，当一个独立的个体（或封闭的系统）远离平衡状态，即差距增加时，可以对外做功的能量就会增加，变成可使用的能量，即“熵减”。

任正非认为，企业发展的自然法则也是一个“熵增”的过程，如果不做功进行“熵减”，企业将逐步走向平衡状态，失去发展动力。激发组织的活力，就是将一个独立的个体（或系统）中“不可使用”的能量转化为“可使用”的能量。用一个通俗的词语来概括做功进行“熵减”的过程，就是“折腾”。

人的天性都是趋向于平衡、静止等舒适状态的，只有当个体感受到外部压力时，才会产生内在的驱动力。华为就是要远离平衡，不断“折腾”。对此，华为有很多方法：

（1）个体层面——“坚持长期艰苦奋斗”。

一般企业对于一名在某个岗位上工作三年、绩效不错的员工，往往会让该员工在这个岗位上继续工作；华为则会将这名员工调到一个新的地区

或是新的岗位，让他面对新的客户环境、新的产品，建立新的客户关系，处在必须努力提升业绩的压力下，从而不断激发其个体效能，避免惰怠。

（2）团队层面——“全营一杆枪”。

“全营一杆枪”，是任正非对团队活力的形象、直观描述。一个组织发展到一定程度，其内部往往会陷入“内卷”，丧失活力。为了激发团队团结奋战的动力，华为在系统部组织和项目组织引入“铁三角”制。项目“铁三角”由客户经理、解决方案专家和交付专家组成，分别负责商务谈判、方案制订及项目交付，虽然他们的工作重点不同，但是他们的协同运作能够提升项目销售的成功率。

（3）组织层面——“多打粮食，增加土地肥力”。

为了避免组织板结、激发组织活力，每年的4月到10月，华为各一级部门、地区部、代表处都要进行一次战略规划，而且每次战略规划汇报会都要对组织结构进行变动。组织结构变动，可能是从上往下变的，也可能是从下往上变的；有的变动控制在某个业务单元，有的则横跨几个业务单元。因此，华为的员工对于公司的流程结构经常是好不容易熟悉了又要重新熟悉。

华为一直提倡“以贡献论英雄”。华为成立军团组织，除了要“多打粮食”、寻求业务突破，还要通过创新机制来激活组织、培养人才。一方面要将部分处于“舒适区”的华为人唤醒，使其保持战斗意志；另一方面要给更多优秀的员工创造机会，让他们担当责任，引领企业抓住机遇，持续发展。

任正非一向很看好新员工，认为新员工只要加强学习，加强自我激励，坚持不懈地努力，就能追上“龙飞船”。他曾说过：

公司处在战略生存和发展的关键时期，冲锋没有人才是不行的。不要过分强调专业，只要他们足够优秀，欢迎他们拿着“手术刀”来参加我们

“杀猪”的战斗。

提拔一个人的目的是要激活一大片，我巴不得你想当少将，要当少将就要拿出少将的条件来。人的生命只有几十年，你只能在这个短暂时间内把自己培养成航母舰长。

只有组织灵活，优秀人才有大展身手的机会，公司才有生命力。华为已经成立的20个军团，就是搭建好的舞台，就是优秀人才的战场。他们凭借自己的优势和能力冲锋陷阵，只要拿下山头，就能脱颖而出。他们不但自己有机会从“小兵”升为“司令”，还能激励、带动一大批人朝着目标前仆后继、奋勇拼搏。

9.2　回归价值，服务客户

任正非曾表示，军团是一个精干的集团组织，它面对的市场和提供的服务是全球化的，要坚持以客户为中心，开放进取，聚焦价值创造，构建共生共赢的伙伴体系，卷入众多合作伙伴的千军万马，服务好千行百业。

“条条道路通罗马”，国外的打压再怎么猛烈强势，也只是封闭了千万道路中的一条。华为正在探索新的道路，虽然走的方向变了，可能走得更为艰险了，但是华为的目标还是一样的：为客户服务。

9.2.1　坚持以客户为中心

“以客户为中心”是普遍的商业价值观，可以说，几乎所有的企业都认为自己是这一价值观的切实践行者。

华为把为客户服务视作其存在的唯一理由，“以客户为中心”是其核心价值观的第一句话。任正非也曾公开表示，华为能够走到今天，就是靠着

对客户需求宗教般的信仰和敬畏，坚持把对客户的诚信做到极致。那么，华为究竟是如何坚持并贯彻落实这一核心思想的呢？

第一，华为在企业文化及价值观上坚持以客户为中心。

为什么一些企业一旦做大就容易官僚化，归根结底就是没有厘清客户与领导两者的重要性。究竟是客户重要，还是领导重要？在华为看来，这个问题关系到公司的生死存亡。任正非曾多次强调，客户才是华为的“衣食父母”。因此，在华为，阿谀奉承、讨好上司是被明文禁止的，就连机场接送也不行。各级管理者包括任正非，每次出差都是自行乘坐出租车前往酒店或开会地点的。

为了杜绝崇尚领导的风气，任正非甚至在 2010 年的一次会议上公开表明，要坚决提拔那些“眼睛”盯着客户，“屁股”对着老板的员工；坚决淘汰那些“眼睛”盯着老板，“屁股”对着客户的干部。

第二，华为在战略上坚持以客户为中心。

企业经营的目的在于获得商业利润、达成商业目标。多数企业为达到这一目的的做法是寻找商机，围绕客户的需求展开竞争。但是一家企业所拥有的资源是有限的，不能也不可能包揽目标行业中所有客户的需求，而且对客户不同阶段的需求也不是每次都能及时发现并满足的，所以企业在战略上有必要对客户进行选择。

对于企业而言，对客户进行选择就是对客户价值进行评价。多数企业在评价客户价值时主要关注其经济价值，除了经济价值，客户的价值还体现在其管理改进、品牌贡献、产品差异性、质量安全等多个方面，并且在评价客户价值时不能仅看其当年的贡献，对于一些周期性的行业，还需要从其价值回报周期来识别。

华为选择客户的原则是，既兼顾当下也着眼未来。华为基于客户未来发展的愿景，发现并选择高价值客户，进而投放最优秀的资源，持续向客户提供优质的产品和服务，与客户形成共生的关系，以发挥其最大的价值，与其互相成就，合作共赢。

第三，华为在组织管理上坚持以客户为中心。

以标准的产品去应对客户的需求，是典型的生产导向，即生产什么就销售什么，必然不会得到客户完全的认可。客户需要什么就生产、创造什么，才是以客户为中心，是需求导向。

华为也曾面向企业客户销售通用性较强的标准化产品，但是发现自己的技术和产品总是无法与客户需求精准匹配，于是开辟了“行业线”，针对不同的行业做有针对性的解决方案，但是如果不深入客户的作业流程，一样无法做出好的解决方案，于是又把“行业线”变成了现在的军团组织。军团组织存在的意义就在于由华为自己的专业人员扎根客户现场，深入理解客户的业务流程痛点，从而制定出有用、好用、能满足客户实际需求的解决方案。

另外，不管是传递客户需求，还是传递解决方案，军团组织的运作都必须依赖于客户关系。而与其他企业不同的是，华为倡导和实行的是一种全面客户关系管理，是一种立体式的客户关系。

【知识点】华为立体式的客户关系

华为立体式的客户关系包括普遍客户关系、关键客户关系和组织客户关系三类（见图9-1）。

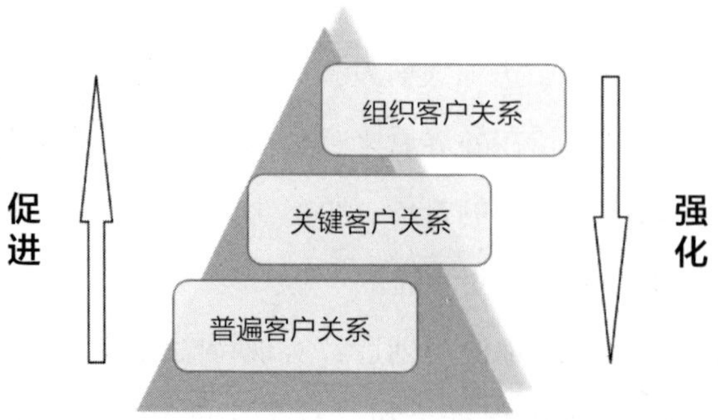

图9-1　华为立体式的客户关系

普遍客户关系是建立良好市场氛围的基础，有助于稳固关键客户关

系，帮助建立、改善和提升组织客户关系。华为不会把经营压在一两个客户身上，它重视普遍客户关系，将客户关系一层一层夯实，从而实现客户关系管理的流程化与制度化。

关键客户关系是指公司与在客户公司当中拥有决策权力的人的关系，比如公司与客户公司 CEO、CTO、CFO、VP（副总裁）等的关系。关键客户关系是建立在双方商业目的的协同关系之上的，是一个项目成功的关键，它能够促进组织客户关系的改善和提升。

组织客户关系是一种公司与公司之间文化价值观契合的合作关系，体现在客户对公司的品牌认知、美誉度与价值感知上，其建立需要经历一个长期的过程。组织客户关系的改善和提升也可以反过来促进关键客户关系与普遍客户关系的改善和提升。

“客户关系是第一生产力”，良好的客户关系能够促进商业目标的达成。很多企业不重视维护客户关系，眼里只盯着项目、机会，然而项目与机会并不是企业看到了就一定能抓住的，因为机会是客户给的，客户才是项目与机会背后的重要载体。

9.2.2 聚焦价值创造

2019 年以来，华为一边加大研发投入提高创新能力，一边组建军团组织深入行业，打通市场。在外界看来，华为这一系列动作就是为了减少对国外技术的依赖以应对美国的打压；事实上，即使没有被打压，华为还是会采取各种措施进行创新和变革的。

华为的商业模式是聚焦价值创造，实现持续盈利。华为认为，它不一定要比别人赚得多，能够保证公司生存下去就是胜利。因此，对于华为而言，其所有操作都是为了能在“主航道”上更好地创造价值、为客户服务，从而实现公司的可持续发展。

2009 年，面对金融危机带来的压力时，任正非提出了“深淘滩，低作堰”的理念。

深淘滩，就是确保增强核心竞争力的投入，确保对未来的投入，即使在金融危机时期也不动摇；同时不断地挖掘内部潜力，降低运作成本，为客户提供更有价值的服务。低作堰，就是对利润的贪欲进行节制，不因短期目标而牺牲长期目标，自己留存的利润少一些，多让利一些给客户，善待上游供应商。

“深淘滩，低作堰”的理念为当时陷入金融危机的企业提供了对内和对外两个方面的战略：

一方面，企业内部要进一步挖掘自身潜力，任何时候都不能削减关系到企业核心竞争力的成本支出，一旦为了一时的、短期的利润随意削减支出，将会给企业的核心竞争力带来致命损害，不利于企业的长远发展。

另一方面，在当时的金融危机环境下，不少运营商对设备性能、技术及价格都提出了近乎苛刻的诉求，这无疑令一些设备商感到苦恼：签单可能不赚钱，不签又怕丢了市场。对此，任正非认为“不能因短期目标而牺牲长期目标”。有的设备订单可能短期收益很低甚至没有收益，但从长远看，它能够减轻运营商的成本压力，建立与运营商长期的信任关系与合作，这对于企业的长远发展有益无害。

另外，“深淘滩，低作堰”也可以说是华为自身商业模式的生动写照。

一方面，华为坚持赚小钱不赚大钱，只赚取合理的利润。

外界对于高科技企业，总有一种“高投入，高回报”的误解。一些高科技企业确实有这样一种商业模式：持续地“高投入”形成成本优势，然后收获“高回报”。但是在任正非看来，在这种商业模式下，一旦一家独大，形成垄断市场，就会导致行业壁垒的出现，压制技术创新，不利于行业的长远发展。因此，华为“要用产品长期的盈利战略支持短期的不盈利

战略”。

任正非说：“为什么我一贯主张赚小钱而不赚大钱？这就是商业模式……如果当我们在这个行业称霸时，我们继续赚小钱，谁想进这个行业赚大钱是不可能的。他要是赚小钱，他能不能耐得住这个寂寞？耐不住寂寞他就不干了，还是我们占着这个位置。如果我们长期保持饥饿状态，不谋求赚大钱，最终我们能持久赚钱……如果我们想垒起短期利益，想赚大钱，就是自己在埋葬自己。”

另一方面，华为不断挖掘内部潜力，确保对未来的投入。

华为认为，要提高企业的内部运作效率，降低运作成本，就必须建立起优质的管理体系。如今已经不是单靠技术壁垒就能取胜的时代了，低成本成为竞争的关键要素。要想在未来持续性发展，就要保持低重心，降低内外交易成本，推动管理改革与进步。多年来，华为通过对组织进行流程化变革与建设，降低运作成本，提高组织内部运作效率。同时，华为还一直保持每年投入 10% 以上的收益用于研发创新，确保对企业未来的投入。即便在终端业务大打折扣的今天，华为依然毫不动摇，甚至“变本加厉”地加大投入力度，提升创新能力，增强核心竞争力。

任正非说：“我们现在要保持一定的投资强度，投资要聚焦战略制高点，抢了战略制高点，产品就不用卖得那么便宜，盈利的钱就可以去做先进性的研究。”

虽然在市场竞争中，华为主张价格“低重心”、低成本，只赚取合理的利润，但它不是靠低价取胜的，而是靠坚持以客户为中心，为客户提供“高价值”的产品与服务取胜的。

哈佛商学院总结华为在国际竞争中取得胜利的原因时，提出最重要的

一点就是“通过非常贴近客户需求的、真诚的服务取得了客户的信任”。

9.2.3　高效服务客户

早在20年前，华为就提出了“为客户服务是华为存在的唯一理由”这句话，如今依然能从华为人口中听到。为了践行这句话，华为建立了以客户为中心的组织和流程，聚焦ICT基础设施领域，坚持开放合作，夯实技术基础，持续创新，与客户、合作伙伴分享华为给产业链带来的价值。

例如，华为此次大刀阔斧地进行军团组织变革，其直接目的在于缩短产品与解决方案开发与客户需求之间的距离，减少传递过程中的损耗与误导；其根本目的还是坚定不移地贯彻“以客户为中心”的价值观，更高效地服务客户。

华为电力数字化军团CEO孙福友曾指出，数字化转型价值创造的锚点更多是软件和服务，且客户的需求是无限的，只有聚焦才能对准关键业务场景。因此，为了更加深入细分行业领域，电力数字化军团一方面在纵向上让研发直接面对行业客户需求，匹配最合适的技术，从而为行业客户设计出有针对性的产品；另一方面在横向上联合更多解决方案伙伴，发挥多技术融合优势，更高效地为行业客户提供场景化的解决方案。

【案例】国家电网：协同打造数字换流站解决方案

电网公司对于运检业务数字化转型的需求：电网智能化提升以及数字化转型，建设新型数字基础设施。2021年，国家电网首次提出了数字换流站的概念。

华为基于国家电网“云、管、边、端”的新一代工业物联网架构，协同伙伴打造的数字换流站解决方案，为山东省首座特高压换流站——沂南站实现换流站内业务的升级。

另外，在大环境的影响下，除了企业数字化转型的速度加快，线上沟通和交易模式的增加也使企业对应用的需求更为迫切。对此，在 2022 年华为伙伴暨开发者大会举办期间，华为云宣布云原生 2.0 全景图全面升级。华为云 CTO 张宇昕表示，华为云将用云原生 2.0 全栈产品和解决方案更好地服务政企客户数字化转型。

【案例】华为云服务：出海万里有“云”，让业务遍布全球

（1）基础设施即服务：华为云打造的 KooVerse 构建了全球一致体验的基础设施。在 KooVerse 基础上，华为云通过智能边缘小站 IES，实现了 ERP（企业资源计划）SaaS（软件即服务）应用的本地化部署，从而满足客户低时延、本地合规的诉求。IES 可以按需开通计算、存储数据库、人工智能等服务，实现“软硬一体化”交付，无须与多家厂商进行对接，部署实施周期缩短到 2 ~ 3 周，且可支持在线远程运维升级。

（2）技术即服务：华为云打造的软件开发生产线（DevCloud）、数据治理生产线（DataArts）、人工智能开发生产线（ModelArts）和数字内容生产线（MetaStudio）四大生产线，以及多种云原生技术，能够帮助企业客户构建新型生产方式。它不仅能够让客户快速获取新的技术能力以提升企业生产效率，还让非技术人员也能参与开发，从而减少企业对专业软件开发人才的依赖，打通了技术与业务的壁垒。

（3）经验即服务：华为云发布了包括工业 aPaaS（应用平台即服务）、政务 aPaaS、供热 aPaaS、煤矿 aPaaS 和教育 aPaaS 五个行业 aPaaS。除此之外，华为云在 aPaaS 上还沉淀了许多通用的基础能力，发布了两个基础 aPaaS，分别是一站式富媒体消息服务（KooMessage）和使能数字孪生的云地图服务（KooMap）。

在外人看来，华为可能是一家科技公司，也可能是一家通信设备制造公司，而华为将自己定义为一家服务公司。任正非曾经说过，华为就是一

家服务公司，“华为文化的特征就是服务文化”。因此，华为的一切经营活动都是围绕服务客户而展开的。如今，华为面对压力反复进行业务变革和组织结构调整，这不仅是为了生存，也是为了更好地、更有质量地、更为高效地继续服务于客户。

9.3　新华为，新商业世界

“有质量地活下来”在华为从来不是一句空话。为了达成这一目标，华为在过去几年内进行了多轮突破性的尝试，不仅进一步加大了研发投入，强化创新能力，以增强核心竞争力，还采取了众多积极的业务举措来增强产业的韧性，以面向未来，发展一个新的华为，建立一个华为生态的新商业世界。

9.3.1　强化创新能力，增强核心竞争力

《华为公司基本法》中明确规定，华为每年要把营业收入的 10% 以上用于技术研发及创新。可见，华为将研发创新作为公司发展的一个长期战略。当然，坚持持续创新的企业肯定不止华为一家，然而能够做到像华为这样成功的不多，其根本原因在于华为的创新并不是盲目的，而是非常具有目的性的。

正如任正非所说：

我们只允许员工在主航道上发挥主观能动性与创造性，不能盲目创新，分散了公司的投资与力量。

华为技术第三，一定要注重客户需求。客户的评价标准是觉得质量很稳定，功能很好，技术还先进，这就是好。客观上说，技术是重要的一个

手段但不是唯一手段，更重要的手段是满足客户需求。

华为的创新并不是脱离传统、脱离实际的高屋建瓴，而是在前人已有经验或成果的基础上，聚焦主航道，开发出“以客户为中心”的适应性产品。从这个意义上来说，华为创新的本质在于满足客户的需求，为客户提供高质量、高满意度的产品和服务。

【案例】华为 IPD 流程：精准分析客户需求，促进产品研发创新

华为的 IPD 包括三大流程，分别是集成产品开发流程（IPD）、市场管理流程（MM）和需求管理流程（RM）。

其中，需求管理流程分为收集、分析、分配、实现和验证五个阶段。前三个阶段主要在产品规划、项目任务书开发、IPD 流程的概念阶段进行，后两个阶段主要在集成产品开发流程中进行。所以，需求管理流程在整个流程体系中是作为 IPD 与 MM 的支撑流程存在的，通过精准分析客户需求（包括价格、可获得性、包装、性能、易用性、保证性、生命周期成本、社会接受程度等），把客户的需求转换为产品和服务。

任正非认为，一些大的创新虽然看上去技术很高级，但往往不能为客户提供实质性的使用价值，一些小的改进反而能够更好地满足客户的需求。因此，在创新原则上，华为主张“小改进大奖励，大改进只鼓励”。

在创新投入方面，华为非常重视基础研究的创新。10 多年来，华为不仅与各大研究机构、高等院校及其他社会力量进行合作研究，还在全球范围内吸收、引进数学、物理、化学等基础科学领域顶尖的科学家共同进行基础技术探索。

2019 年，任正非曾在公开受访时表示，华为有在编的基础研究科学家和专家 1.5 万多名。另外，华为一直支持在企业外的科学家进行科研探索。

截至 2021 年，华为研发人员约 10.7 万人，较 2019 年增长了 11.5%，约占总人数的 54.8%；同时，研发费用支出 1427 亿元，约占全年收入的 22.4%，创华为历史新高。

在 2019 年被列入“实体名单”后，华为加大了对研发的资金投入，以进一步强化自身的创新能力，减少美国打压对华为长期发展的影响，增强公司的核心竞争力。

另外，华为很看重在价值层面的创新。任正非认为创新应该为了价值而创新，而不应该为了创新而创新，因此，除了产品的质量、功能、效用等使用价值上的创新，华为还对产品美观、时尚以及服务体验等的价值进行适当的创新。华为的终端产品对此已经有所表现，比如华为 Mate 40 RS 保时捷设计手机等。

如今，华为的创新已经渗透到经营管理的各个方面，不仅包括产品与技术，还包括管理、文化与组织等方面。比如，军团这一组织形式，就是华为在谷歌军团的基础上结合自身特征所做的创新性改革。

9.3.2 产业更强、更有韧性

2021 年，华为副董事长、轮值董事长徐直军曾坦言，过去两年，华为的主要精力都在应对打压上，并没有太多时间思考未来能否真正活下来。如今，经过长时间的盘点和业务调整，华为发现活下来是有希望的，但还是要争取活得好一点。那么，究竟该如何才能“活得好一点”呢？

华为给出了答案：优化产业组合，增强产业韧性。

什么叫“韧性”？现代汉语词典给出了两个解释：一是指物体在受到外力作用时，产生变形而不易折断的性质；二是指顽强持久的精神。

对于华为而言，由于其所面临的外部环境极具不确定性，有必要增强产业抗风险能力；要在营收、利润增速均放缓的情况下仍然保持研发上的

高投入，华为必须找到新的营收增长点。因此，增强产业韧性是华为承压求变的顺势而为，其目的就在于挖掘新的营收增长点，弱化芯片等底层先进硬件能力受到制约给公司带来的影响。

具体而言，华为通过加大软件投资、智能汽车部件产业投资以及低工艺依赖产业投资，增强产业韧性。

第一，加大软件投资。

为了减少对芯片的需求和依赖，华为转硬向软，通过加大软件投资提升软件能力，希望由软件侧带动软硬协同，提升硬件的使用效率，从而提升产品竞争力。对此，徐直军表示，华为将坚持软件方面的投资，在五年的周期内把整个华为公司的软件工程能力提升一个台阶。

2018 年底华为成立华为云与计算 BU，2020 年 1 月将其升级为独立 BG，成为继消费者 BG、运营商 BG、企业 BG 之后的华为第四大业务部，目的是把服务器、存储与华为云协同运作。但华为后来发现，服务器、存储涉及大量硬件产品在被禁运的情况下，难以与云形成协同。因此，2021 年 4 月，华为又将组织架构重整回归于原来的云 BU，集中精力发展云业务，加大软件投资，以提高软件和服务在华为整体收入中的占比。2021 年，在消费者业务下滑严重的情况下，华为云业务稳健增长，实现营收 201 亿元，同比增长 34%。

第二，加大智能汽车部件产业投资。

如今，传统汽车企业正在加速与人工智能、5G、云服务等新兴技术融合，打造智能汽车。作为传统 ICT 企业，华为对于智能汽车业务的定位十分明确：华为不造车，而是向车企提供包括智能驾驶、智能车云服务、智能座舱、智能网联、智能电动等 ICT 增量部件，将 30 多年积累的 ICT 与服务经验应用于智能汽车场景，帮助车企实现技术融合，造好车。

2019年6月，华为成立智能汽车解决方案BU。它具有独立的销售、交付等所有组织能力，是除消费者BG外功能最完整的BU。

智能汽车的核心是自动驾驶软件。徐直军表示，汽车的自动驾驶目标一旦实现，就会颠覆跟汽车相关的几乎所有产业。因此，华为特别重视对自动驾驶软件的研发投资，并期望通过强力投资的方式推动汽车行业和ICT行业走向融合，在实现汽车行业网联化、智能化、电动化及共享化的同时，开创一些新的商业模式，为华为带来长期战略机会。

第三，加大低工艺依赖产业投资。

华为对一些先进工艺要求不那么高、依赖性相对较低的产业加大投资。这类产业应用品类众多、市场空间广阔、创新空间大，因此，华为有望通过已有的技术在这些领域拓展新的机会。

徐直军举例说："一直以来，我们投资的光技术主要用于通信，后来发现，我们的技术不仅可以用于通信，也可以用于通信之外更多的领域，包括光桌面显示器、车载抬头显示、激光大灯以及光纤传感器等。"

除此之外，华为还很重视生态建设和根技术创新。为了持续提升中长期竞争力，华为加大研发投入，坚持自主创新，广纳优秀人才，致力于打造自己的根技术和生态，以争取活得更好，在ICT行业内长期可持续发展。

9.3.3 持续增长，有质量地活下来

虽然华为一直在寻找突破口，也确实产生了一些作用，但是它所面临的困难并没有因此而减少，而不确定的外界环境还可能带来更多困难。在这种情况下，华为轮值董事长胡厚崑在华为第19届全球分析师大会上，就华为实现"有质量地活下来"这一目标分享了几个看法。

"生存质量"（一）：保障给客户提供的产品和解决方案的质量。

为客户服务是华为存在的唯一理由，因此华为必须保证服务连续性不能出问题，产品和解决方案的竞争力也不能有所下降。受当前大环境的影响，不仅华为面临困难，客户也面临一些困难，因此要更加关注客户。华为将采取大量的措施，在客户满意度管理上投入比过去更多的资源，及时发现客户遇到的问题，同客户一起商量并解决问题，以保障华为给客户提供的产品、解决方案及服务的质量。

"生存质量"（二）：稳健运营。

胡厚崑强调："作为一个企业来说，活不下来一切都是空的。不管我们对未来的畅想多么美好，也不管理想多么伟大，华为要活下来首先要做到稳健运营。"一方面，华为现在特别注重交易质量，对一些低质量的交易会优先选择放弃；另一方面，华为的业务组合较原来更加多元化了，要求每个业务单元都要稳健运营，实现有质量的发展。

"生存质量"（三）：持续创新投入。

前面两个都是强调当下的发展，除此之外，华为还要着眼于未来。

华为云 BU 总裁、华为消费者云服务总裁张平安表示，华为云之所以进步快，就是因为华为加大研发投入，坚持技术创新。以后，华为还将继续支持研发创新。创新投入是对未来发展的投资，是对华为未来发展质量保驾护航。除了单纯的资金投入，华为还将加大人才引进力度，保障人力资源优势，为华为的可持续发展添砖加瓦。

保障产品及解决方案的质量、保障各个业务单元稳健运营以及持续性

的创新投入，这些做法其实是华为一直以来长期坚持的。如今胡厚崑再次强调其对华为的重要性，可见华为的作风向来如此：踏踏实实地做自己该做的事情。

单从华为2002—2021年的营收数据来看（见图9-2），华为的发展走势可以说前10年扎扎实实、稳步前行，自2013年、2014年以后一路高歌猛进，到2021年遭遇“滑铁卢”，营收规模骤然缩小。不过，华为2021年的营收虽然下降了，但是净利润同比增长了75.9%（见图9-3）。这得益于华为盈利能力的提升，不仅经营现金流有了较大的增长，资产负债率也有所降低，整体的财务结构更为稳定。

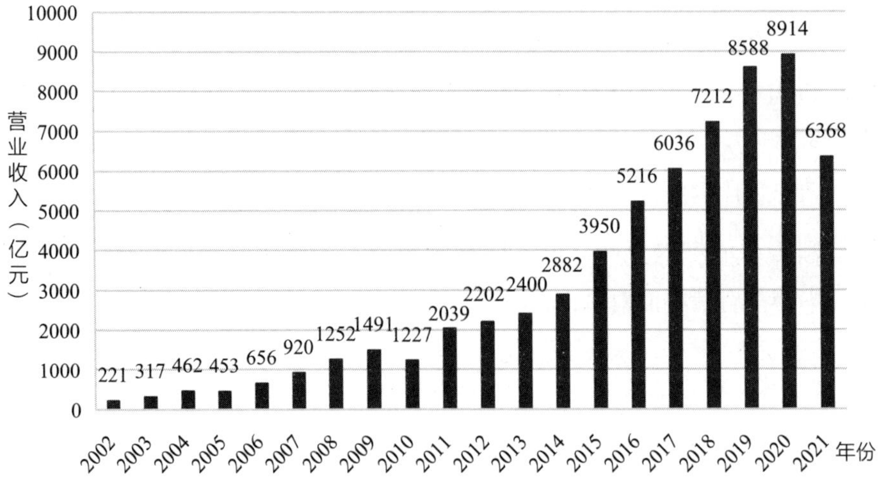

图9-2　华为2002—2021年营业收入情况

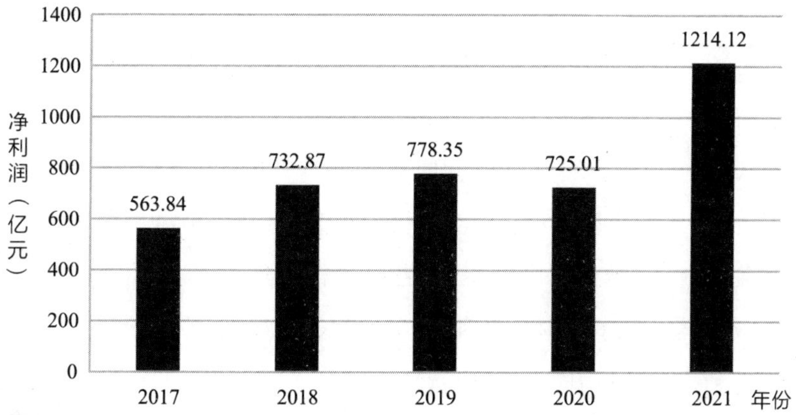

图 9-3　华为 2017—2021 年净利润

用华为首席财务官孟晚舟的话总结就是：“我们的规模变小了，但我们的盈利能力和现金流获取能力都在增强，公司应对不确定性的能力在不断提升。”

尽管芯片供应问题还有待解决，但是经过华为人的不懈努力，华为已经找到了新的发展方向，也早已着手准备，无论未来还将遭遇怎样的困难，华为都有信心面对。

参考文献

[1] 华为企业架构与变革管理部. 华为数字化转型之道 [M]. 北京：机械工业出版社，2022.

[2] 彭中阳，王国钰. 大交通时代：行业数字化转型之道 [M]. 北京：电子工业出版社，2022.

[3] 赵兴峰. 数字蝶变：企业数字化转型之道 [M]. 北京：电子工业出版社，2019.

[4] 邓斌. 华为成长之路：影响华为的 22 个关键事件 [M]. 北京：人民邮电出版社，2020.

[5] 龙波. 规则：用规则的确定性应对结果的不确定性 [M]. 北京：机械工业出版社，2021.

[6] 孙科柳，丁伟华，钟金. 华为你学不会 [M]. 2 版. 北京：中国人民大学出版社，2019.

[7] 陈雨点，王云龙，王安辉. 华为战略解码：从战略规划到落地执行的管理系统 [M]. 北京：电子工业出版社，2021.

[8] 华为公司数据管理部. 华为数据之道 [M]. 北京：机械工业出版社，2020.

[9] 景元利. 华为本质：高速成长背后不可复制的十大逻辑 [M]. 北京：金城出版社，2016.

[10] 刘统. 决战：中原西南解放战争 1945—1951[M]. 上海：上海人民出版社，2017.

[11] 张翚，张国敏. 古今中外经典战例评析 [M]. 武汉：武汉大学出版社，2021.

[12] 迪克雷. 华为传 [M]. 张绚，译. 北京：民主与建设出版社，2020.

[13] 施密特，罗森伯格，伊格尔. 重新定义公司：谷歌是如何运营的 [M]. 靳婷婷，译. 北京：中信出版社，2015.

[14] 博克. 重新定义团队：谷歌如何工作 [M]. 宋伟，译. 北京：中信出版社，2019.

[15] 罗伯特. 颠覆式产品创新：创造全新产品，获得话语权 [M]. 池静影，等译. 北京：电子工业出版社，2019.

尽　善　尽　美　　弗　求　弗　迪